sommaire

Introduction

Les différentes prières

Les rites et les pratiques

Florilège

Glossaire 115

Bibliographie 125

Les mots ou expressions suivis d'un astérisque renvoient au glossaire en fin de volume.

© Plon, 2006
ISBN : 2-259-20369-8

la prière

Isabelle Francq

Petite
bibliothèque
des
spiritualités

Collection dirigée par Frédéric Lenoir   P L O N

introduction

À une époque récente, dans le monde occidental moderne, la prière a pu passer pour une affaire de grenouilles de bénitier. L'ère du scientisme semblait avoir sonné la fin de ce que certains taxaient de « bondieuserie ». Puisque la connaissance et la technique allaient venir à bout de tous les maux, on a cru inutile, et complètement dépassé, de se tourner vers les saints, les anges et les dieux. La fin du xxe siècle et la découverte par l'Occident des sagesses de l'Orient ont cependant montré que la quête et la ferveur spirituelles des hommes et des femmes n'étaient pas éteintes. Au contraire, dans un monde englué dans l'angoisse de l'avenir (fin des modèles traditionnels, risques écologiques, progrès génétiques, chômage…), et face à un mal-être croissant des individus en quête de sens pour leur vie, elles sont singulièrement vivantes. Tandis que les églises* se vident, que les identités religieuses se crispent – pour des raisons souvent plus politiques que spirituelles –, les monastères, les dojos*, les ashrams*, les communautés et les confréries* sont combles dès qu'ils proposent des retraites, des exercices de méditation*, des temps de recueillement ou de prière. Boosté par l'Orient, l'Occident a renoué avec l'intériorité. Aujourd'hui, à l'heure de la mondialisation, chacun peut à sa guise se frayer un chemin spirituel en empruntant les voies qui lui conviennent. Toutes sont à disposition, encore faut-il s'y retrouver. Visitant les prières et les traditions, ce livre se propose d'être une boussole pour se repérer dans ce qui fait la vie spirituelle actuelle. Explorer tous les courants et toutes les écoles serait toutefois colossal, aussi nous nous attacherons ici à définir les mots et les notions les plus couramment évoqués.

Page de gauche : joindre les mains, c'est déjà prier. Dessin d'Albrecht Dürer (1508).

UNE EXPÉRIENCE UNIVERSELLE

La prière ne se prouve pas, elle se vit et s'éprouve par ceux qui la pratiquent.

La prière n'est pas seulement une affaire de religion : elle dépasse les religions que l'on connaît le mieux aujourd'hui en Occident – christianisme, judaïsme, islam et hindouisme. La piété est une expérience humaine universelle. Elle a traversé toutes les époques, toutes les latitudes et toutes les cultures : les religions « païennes » comme les religions révélées, les cultes* animistes et même le bouddhisme. Cependant, les réalités, les pratiques, les moyens et les fins auxquels renvoie la prière ne sont pas identiques, et sans cesse ils évoluent, en même temps que les mentalités. La notion même de prière change avec le cours des siècles. On peut l'entendre dans un sens strict, tel qu'il est apparu en Occident chrétien. On peut aussi lui donner un sens large en acceptant d'y inclure tout ce qui a trait à l'invocation d'un au-delà, au jaillissement d'une parole qui s'enracine au coeur de l'être et le transcende, à l'expérience intime qui conduit au-delà de soi-même, à l'aspiration vers un absolu.

Le nom commun « prière », entré dans le vocabulaire courant au xiie siècle, dérive du latin médiéval *peccaria* : ce qui a été obtenu à la suite d'une instante demande. Il est donc né dans l'univers de la chrétienté médiévale.

Depuis, le sens qu'on donne couramment est celui d'un mouvement de l'âme qui tend à une communication avec le divin. Par l'acte de prier*, on adresse une demande, une louange* ou une action de grâce* à une divinité. À moins qu'il ne s'agisse d'établir avec celle-ci une rencontre intime, un face-à-face, une contemplation*.

Suivant la définition, prier c'est adresser une parole orale ou bien mentale à quelqu'un. La prière implique deux acteurs : celui qui prie, l'orant, et celui ou ce que l'on prie. Elle relie un soi et un autre – le mot religion vient du latin *religare*, relier. L'autre auquel s'adresse la prière est invisible. Néanmoins, dans sa ferveur, l'orant le croit vivant, présent et à son écoute. Selon les traditions, cet autre est un élément de la nature, un absolu, personnalisé ou non, figuré ou non par des images ou des sculptures ; il peut aussi être symbolisé. Il est un dieu (Râ, Aton, Zeus, Yahvé, Jésus, Allah, Vishnou…), ou bien un principe (l'Un, le Bien…). Dans la mesure où le bouddhisme n'admet ni dieu ni aucun principe absolu, il n'a, *a priori*, rien à voir avec la prière. Un coup d'œil du côté des pratiquants bouddhistes, quelle que soit leur école, montre que ce n'est pas si simple. On rencontre des hommes et des femmes qui se consacrent quotidiennement à des exercices, à des invocations et des récitations qui font penser à la prière, même s'ils ne s'adressent pas à un destinataire.

Mouvement intime, à la lisière du mental et de l'affectif, la prière renvoie l'homme à son intériorité. Mais au lieu de s'ouvrir à une transcendance, il peut s'égarer en chemin dans un monologue narcissique avec lui-même. Tous les mystiques en témoignent, la prière est une ligne de crête ; la spiritualité, une voie étroite. Aussi, avant d'être un sentier de paix et de sérénité, la vie spirituelle prend souvent les allures d'un raidillon tortueux et d'un combat intérieur.

UN ACTE RITUALISÉ ET CODIFIÉ

Pour mener ce combat et avancer sur le chemin spirituel malgré les pièges et les tunnels, le pratiquant s'astreint à une discipline, ou ascèse. Pour cela, il dispose d'objets, de mots, de gestes, d'exercices, de postures, de rituels hérités d'une tradition et éprouvés par le temps. Il partage ceux-ci avec une communauté de pratiquants organisée autour d'un système qui implique une cosmogonie, c'est-à-dire une vision du monde, de son origine et de sa fin. Ce système définit le statut de l'homme, celui du Tout Autre, et il régit leurs échanges. Il propose une doctrine, mais aussi une morale et des rites qui relient le monde visible à l'invisible. Habituellement, on nomme ce système « religion » quand sa référence spirituelle est identifiée à un dieu (comme dans l'hindouisme, le judaïsme, le christianisme et l'islam) ; on réserve le terme de « voie » ou de « posture spirituelle » aux spiritualités sans dieu (comme le bouddhisme). Ce distinguo suscite à propos du bouddhisme de nombreux débats dans lesquels nous ne prendrons pas partie. Ce qui est sûr, c'est que les disciples du Bouddha* pratiquent une forme de prière.

Dans les religions qui admettent une divinité, celle-ci est toute-puissante. Toute-puissante et tout autre, elle est infiniment supérieure à l'humain. Elle le renvoie à sa propre finitude. Mais, par la prière, l'homme dépasse sa finitude : l'individu fini rencontre l'infini.

Selon les croyances, la divinité agit sur les destins humains, en bien ou en mal, et l'humanité est son obligée. Longtemps, les hommes ont eu recours aux sacrifices pour commercer avec les dieux. En immolant animaux ou humains, ils espéraient apaiser leur courroux et s'attirer les grâces divines. Aujourd'hui, le sens du sacrifice a évolué : on n'immole plus d'humains sur les autels, très rarement des animaux. D'autres offrandes ont remplacé ces pratiques, et c'est par la prière que les dévots – c'est ainsi que l'on désigne les « hommes pieux » – cherchent désormais à rencontrer leur dieu. Une rencontre qui est l'idéal de tous les orants, et la prière est la voie par laquelle ils espèrent atteindre le bonheur. Parce qu'elle accompagne le quotidien du bouddhiste – par la méditation, il cherche à atteindre l'Éveil* –, la prière est pour lui aussi le chemin de la félicité.

Avant de clore ces généralités, notons que la prière peut être individuelle ou collective. Elle peut jaillir spontanément de la tête et du cœur de l'homme, on l'appelle alors « jaculatoire* » ; elle peut, au contraire, être rituelle et codifiée. Pour certains, elle est une dernière extrémité : même les plus incrédules, dans les cas désespérés, appellent parfois le surnaturel à leur rescousse, en espérant un miracle… Pour d'autres, elle fait partie des habitudes familiales ou d'un folklore. Elle est parfois au cœur de la vie du croyant ; ce qui rythme ses jours et les accomplit. Au point que certains lui consacrent toute leur existence, comme les moines, les moniales, les renonçants, les religieux et les mystiques que l'on rencontre dans différentes traditions. Notons encore que la prière est l'occasion d'une élévation de l'âme qui transcende l'individu et ses limites : que serait chez certains la création artistique sans cette muse inépuisable qu'est la ferveur spirituelle ?

Les différentes prières

Pour commencer, notons que toute tentative de classification de la piété est d'emblée imparfaite. Selon les traditions, leurs croyances, leurs conceptions de la divinité et des rapports que les hommes entretiennent avec elle, les notions liées à la prière changent considérablement de contenu ; de plus, chaque tradition évolue selon les époques, tandis que différents courants apparaissent ou s'éteignent. Derrière un même vocabulaire, des réalités très différentes peuvent coexister. Aussi notre tour d'horizon ne sera-t-il ni parfait ni complet. Nous nous limiterons aux principaux courants qui traversent la vie spirituelle contemporaine européenne. Par ailleurs, si la prière de demande, la louange et l'adoration* semblent pouvoir être retenues comme des catégories larges à l'intérieur desquelles la plupart des formes de prières trouveront leur place, il ne faut jamais perdre de vue que ces catégories ne sont pas étanches. À la fine pointe de l'esprit, la prière exprime des désirs, des aspirations, des épanchements de l'âme humaine dont les intentions individuelles, chaque fois uniques et parfois indicibles, résistent mal à la classification. Les vestiges préhistoriques montrent des signes de cultes initiatiques et funéraires. On pense que les premiers hominidés avaient déjà des comportements religieux. Mais la prière ?

Akhena-
ton rend
hommage
au dieu
Aton.

Personne ne sait quand elle est née. Ni la prière individuelle, ni la prière collective ritualisée. Les archéologues ont seulement la preuve que l'on priait dès l'Antiquité, notamment en Égypte. Depuis l'aube de l'humanité, les hommes se sont adressés soit aux éléments qu'ils ont déifiés, soit à des divinités transcendantes, afin d'en obtenir clémence, protection et même guérison... Ainsi, les Égyptiens nommaient-ils le dieu Amon « celui qui écoute ma prière », tandis qu'ils priaient la déesse Isis pour la guérison du trachome. Les moments importants de la vie en groupe comme la chasse, l'élevage, la culture, la guerre faisaient aussi l'objet de prières collectives afin de s'assurer des aides divines. De telles pratiques se retrouvent dans de nombreuses civilisations, c'est ce que l'on nomme « la prière de demande ».

LA DEMANDE

Prier vient du latin *peccare*, « s'élever vers Dieu », mais aussi « demander humblement ».

Quand elle vise à conquérir par des voies surnaturelles ce qui serait impossible d'obtenir autrement – amour, argent, pouvoir, naissance, guérison, etc. –, la prière de demande a plus à voir avec la superstition qu'avec la piété. Mais il existe néanmoins, à l'intérieur des traditions, des prières de demande parfaitement orthodoxes.

Les trois monothéismes, c'est-à-dire les trois religions du Livre, qui puisent leur origine dans la Bible* – le judaïsme, le christianisme et l'islam –, n'ont pas toute la même conception de la demande.

Rabbi* Mendel de Kotzk (1787-1859), sage resté célèbre, disait à ses disciples : « Tout le monde prie pour que Dieu réalise notre volonté. Or, au contraire, la vraie foi consiste à faire la volonté de Dieu. » Une phrase qui illustre bien la mystique juive : volonté profonde du croyant de se mettre au service du dessein divin. La prière juive est plus bénédiction* que demande. Néanmoins, comme le psalmiste de la Bible, dans sa relation d'amour et de confiance avec son Dieu, le juif n'hésite pas à dire à son créateur ses joies, ses peines et ses révoltes. Plus sur le ton de la confidence que de la demande. Le dialogue est une notion fondamentale de la

Pour un juif pieux, la prière est avant tout bénédiction.

prière juive, car, depuis Abraham, Dieu a fait alliance avec le peuple d'Israël. Il ne s'agit sans doute pas d'une relation égalitaire, mais d'un pacte, une forme de partenariat dans lequel l'homme a son mot à dire et son rôle à jouer. Il peut se détourner de l'alliance, il la rompt alors : c'est le péché. Ou bien, il accepte librement de se soumettre à la volonté de Dieu. Mais cela ne l'empêche pas de discuter !

Ainsi, la principale demande du croyant est la sanctification de Dieu. Il l'exprime à son Seigneur par le *Quaddish**, qui signifie « sanctification ».

Quaddish

Dit aux moments importants de la liturgie et sur les tombes, il est parfois appelé « prière des morts », alors que la mort n'y est pas évoquée. Demande du règne de Dieu, il est l'ancêtre du Notre Père (voir p. 15). Le « Nom », *hashem* en hébreu, permet de ne pas nommer Dieu et d'éviter toute tentative de domination.

Que soit sanctifié et magnifié son nom dans le monde qu'il a créé selon sa volonté ; et qu'il établisse son règne de son vivant, et de vos jours et du vivant de toute la maison d'Israël, bientôt dans un temps proche, et dites : « Amen ! »
Que son nom soit béni à jamais et d'éternité en éternité.
Que soit béni et célébré, glorifié et exalté, élevé et honoré, magnifié et loué, le nom du saint, béni soit-il ! Lui qui est au-dessus de toute bénédiction et de tout cantique, de toute louange et de toute consolation proférées dans le monde, et dites : « Amen ! »
Que les prières et supplications d'Israël soient accueillies par leur Père qui est aux cieux, et dites : « Amen ! »
Que la plénitude de la paix nous vienne des cieux, ainsi que la vie, pour nous et pour Israël, et dites : « Amen ! »
Que celui qui établit la paix dans les hauteurs l'établisse sur nous et sur tout Israël et dites : « Amen ! »

Le mot hébreu « Amen », repris par le christianisme, signifie « Ainsi soit-il » et « C'est vrai ! ».

Par cette prière, le juif appelle de ses vœux la sanctification du nom de Dieu et la venue de son règne. Le *Quaddish* s'apparente à une louange. La seule véritable demande que les juifs font pour eux-mêmes est le pardon. Ils l'expriment lors du shabbat* (voir p. 75), mais surtout à *Yom Kippour**, le jour du Grand Pardon, la plus grande fête du calendrier liturgique juif. À Kippour, et pendant les « jours redoutables » qui précèdent, les juifs font repentance de fautes qu'ils ont commises et qui sont autant de blessures faites à l'Alliance. Chacun est appelé à se réconcilier avec ses ennemis et à faire *téchouva**, c'est-à-dire « retour à Dieu », en lui adressant des *bakachot**, des « demandes », et des *te'hinot**, des « suppliques ». Celles-ci sont prononcées à la première personne du pluriel : « *Anénou !* » : « Réponds-nous ! » Ainsi, le fidèle intercède pour lui-même, mais aussi pour les autres, voire pour l'humanité. Une fois qu'il est réconcilié, il peut renouer son dialogue avec Dieu. Le croyant désire être un bon juif, en paix avec son Seigneur et que sa prière soit une bonne prière. « Avant de prier, je prie pour que ma prière soit une bonne prière ! » disait Haïm de Czanz, sage d'Israël.

D'après le Nouveau Testament, Jésus a instauré la prière chrétienne de demande : « Demandez et vous recevrez » (Matthieu, 7, 7-11).

Les Évangiles* font également mention de miracles accomplis par Jésus le Nazaréen qui se prétendait le fils de Dieu. Il aurait changé de l'eau en vin, guéri des malades et même ressuscité des morts. Les chrétiens peuvent donc légitimement croire aux miracles. Certains demandent à Jésus d'en accomplir pour eux. D'autres, faisant une lecture symbolique des textes, expliquent les miracles par la foi des bénéficiaires.

La foi dans la « bonne nouvelle » annoncée par Jésus (*Evangelion*, en grec, d'où le mot « évangile »), la croyance en sa résurrection*, sa promesse d'apporter à l'humanité le salut des âmes et la vie éternelle, guérit l'homme du pire des maux, le désespoir. Dans cette perspective, la prière qui nourrit la foi est le remède qui apporte la guérison intérieure. Par conséquent, la seule demande à adresser à Dieu est la fermeté dans la foi. Selon les Évangiles (Matthieu 6, 9-13 et Luc 11, 2-4), c'est encore Jésus lui-même qui aurait transmis à ses disciples le Notre Père*, la principale prière chrétienne.

Notre Père

En latin *Pater Noster*. Prière chrétienne la plus connue, récitée pendant les offices ou bien seul.

Notre Père qui es aux cieux,
que ton Nom soit sanctifié,
que ton règne vienne,
que ta volonté soit faite
sur la terre comme au ciel.
Donne-nous aujourd'hui notre pain
de ce jour.
Pardonne-nous nos offenses,
comme nous pardonnons aussi à ceux qui
nous ont offensés.
Et ne nous soumets pas à la tentation,
mais délivre-nous du mal.
[Car c'est à Toi qu'appartiennent
le règne, la puissance et la gloire,
pour les siècles des siècles.]

Amen.

Dalle du carmel du Pater (Jérusalem) ornée du texte français.

La doxologie « *Car c'est à Toi...* » fut ajoutée au 1er siècle. Les protestants la récitent généralement ; les catholiques l'incluent lors de la messe, mais ne l'emploient pas dans leur prière personnelle.

Avec sa série d'injonctions, le Notre Père a tout d'une prière de demande. Le pardon y figure en bonne place. Cependant, en la prononçant, le chrétien devient lui-même partie prenante de la sanctification du nom de Dieu, la venue de son règne et le respect de sa volonté. L'orant participe ainsi par sa prière à la gloire de Dieu, à l'instauration de son royaume et à la réalisation de sa volonté. Bien plus qu'une série de demandes, cette prière est une suite de bénédictions calquées sur le *Quaddish* des juifs (voir p. 13). Le croyant demande ensuite les moyens de sa survie corporelle en réclamant son pain quotidien, mais surtout la nourriture nécessaire à son chemin spirituel (foi, espérance, charité). Dans le christianisme, on ne peut évoquer le pain sans aussitôt penser au « pain de Vie » ou eucharistie*. Les chrétiens nomment ainsi le corps du Christ livré, selon les Écritures*, pour les hommes, et que Jésus leur offre en nourriture. Il faut, pour bien comprendre, revenir à l'événement fondateur du christianisme : la mort et la résurrection de Jésus-Christ.

Le prêtre consacre le pain et le vin en corps et sang du Christ.

Les chrétiens (orthodoxes, catholiques et protestants) professent tous que Jésus de Nazareth était le fils de Dieu ; qu'il était vrai homme et vrai dieu. Ils croient que par sa mort sur la croix, Jésus a porté le péché du monde et sauvé par son amour tous les êtres humains. En transgressant les commandements divins transmis à Moïse, les hommes brisent l'alliance passée entre Dieu et les hommes, depuis Abraham et renouvelée avec Moïse. Pour les chrétiens, le sacrifice expiatoire du Christ est définitif, par lui l'Alliance définitivement restaurée. Par ce sacrifice et par sa résurrection que les chrétiens affirment, Jésus-Christ est pour eux le sauveur de l'humanité à son tour appelée à ressusciter. Il est « le médiateur » entre l'humanité et Dieu ; l'intercesseur des hommes. C'est souvent au Christ que les chrétiens adressent leurs prières afin que celui-ci intervienne pour eux auprès de Dieu et leur obtienne pardon, grâce ou protection. L'intercession est l'une des originalités du christianisme.

Les prières de demande des chrétiens d'Orient ne sont guère différentes de celles des catholiques, si ce n'est qu'ils recourent à des textes spécifiques. Notons seulement que lorsqu'il prie, le chrétien orthodoxe n'est jamais seul. Il se sent à la fois porté par sa communauté spirituelle et solidaire d'elle. Les offices ne sont pas seulement l'occasion d'un rite, mais d'une intense prière collective.

Pour les protestants qui appartiennent aux Églises dites « historiques » – les Églises réformée, luthérienne et anglicane qui se réclament des grands réformateurs Martin Luther (1483-1546) et Jean Calvin (1509-1564) –, ce n'est ni par la prière ni par les œuvres (les bonnes actions) que les hommes obtiennent des bienfaits ou le salut de leur âme. Le salut dépend uniquement de la volonté de Dieu, et c'est par sa seule grâce qu'il l'accorde. Inutile de se perdre en demandes, rien ne peut faire infléchir la volonté divine. Mieux vaut se consacrer à l'étude de la Parole de Dieu (la Bible) ainsi qu'à la louange de Dieu, notamment à travers les cantiques chantés lors des cultes.

Parallèlement aux Églises traditionnelles, il existe une myriade de courants protestants plus ou moins piétistes (axés sur la piété) et des mouvements fondamentalistes. Les évangélistes, dont le pentecôtisme est la mouvance la plus connue, manifestent leur spiritualité d'une façon très émotionnelle, ancrée dans l'Esprit-Saint, la troisième personne de la Divine Trinité* chrétienne. Leurs rassemblements spectaculaires, surtout aux États-Unis, les grands shows des télévangélistes, sont l'occasion de prières collectives à la limite de la transe : des fidèles prétendent y recevoir des « dons spirituels ». Ils nomment ainsi des grâces accordées par l'Esprit-Saint qui, comme il est raconté dans les Actes des Apôtres, toucha les disciples de Jésus le jour de la Pentecôte (Actes 2,1-5). Certains reçoivent le « don de guérison ». Guérison spirituelle, intérieure, celle-ci s'accompagne généralement, selon eux, d'effets psychosomatiques. D'autres prétendent avoir reçu le don de la prophétie et prédisent des événements, comme la fin du monde. Le troisième don spirituel est la glossolalie ou don des langues. Il permet parfois aux pentecôtistes de s'exprimer, au cours de leur prière collective, dans un langage inconnu. Avec des syllabes et des mots incompréhensibles, ils expriment, disent-ils, le plus intime et le plus indicible de leur foi dans la résurrection du Christ et de tous les hommes, et de leur louange. Tous ces dons ne peuvent s'obtenir par des demandes. Ils sont grâce de Dieu, gratuits et soumis à sa seule volonté. Toutefois, lorsqu'ils prient, les croyants espèrent ardemment recevoir ces dons.

Les courants charismatiques

Le courant évangélique est apparu au XVIIIe siècle. Il est composé de nombreuses Églises ou « dénominations » ; on parle de 500 millions d'adeptes dans le monde (sur environ 600 millions de protestants), ce qui place les évangélistes au deuxième rang des Églises chrétiennes, derrière les catholiques évalués à plus d'un milliard. Avec plus de 200 millions de fidèles à travers le monde, le pentecôtisme, apparu au début du XXe siècle, est l'une des principales mouvances évangéliques. Il donnera naissance au Renouveau charismatique initié dans les années cinquante. Le pentecôtisme met l'accent sur le Saint-Esprit. Il a donné naissance aux « Églises du Réveil » (*Revival churches*), une variété d'unions d'Églises et d'institutions. Il connaît une grande expansion en Amérique du Sud (surtout au Brésil) et en Afrique subsaharienne. Le Renouveau charismatique – aujourd'hui reconnu par Rome – touche près de 45 millions de catholiques. Apparu il y a une trentaine d'années en France, il compte environ 1 800 groupes de prière et une quarantaine de communautés dans l'Hexagone. Il attire des catholiques assoiffés d'une spiritualité où la joie et l'émotion ont leur place.

La prière de demande est quasiment absente de l'islam, qu'il soit sunnite* ou chiite*. C'est la louange qui caractérise la piété des disciples du prophète Mohamed. La foi musulmane est avant tout soumission de l'homme face à Allah, son dieu. De là vient d'ailleurs le mot « islam » qui signifie « soumission volontaire ». « Quoi de plus beau en religion que de soumettre sa face à Dieu », lit-on dans le Coran (C 4,125). Le musulman, profondément conscient de sa finitude et de son indignité face à Dieu, loue sa toute-puissance et sa perfection infinie. Il se sent en dette envers son créateur. Le mot arabe *dîn** désigne à la fois la religion et le jugement dernier.

Les pentecôtistes affichent une spiritualité émotionnelle.

Par la pratique religieuse, par la prière, le musulman se rend digne de Dieu qui lui en rendra compte au jugement dernier. La prière est le deuxième pilier* de l'islam : après la profession de foi en Dieu, elle est la deuxième obligation rituelle à laquelle le musulman doit se plier pour s'acquitter de sa dette auprès d'Allah. Avant d'être mouvement du cœur, la prière est donc une obligation légale. Elle doit être accomplie quotidiennement, cinq fois par jour, à des heures précises et selon un rituel très codifié (voir p. 66).

L'homme pieux ne prétend pas faire changer le cours des événements, ni par sa prière ni par aucun moyen. Il se soumet à la volonté divine. Non pas au sens d'un fatalisme, mais dans un mouvement intérieur d'acceptation et de soumission aux décrets divins. Ses seules demandes véritables sont la miséricorde pour ses fautes et l'illumination de la foi. La *Fatiha**, la

La piété musulmane est soumission.

première sourate* du Coran que les musulmans récitent au début de chacune de leur prière, le montre bien.

Fatiha

La Fatiha est la première sourate du Coran, celle qui l'ouvre.

Au nom de Dieu :
celui qui fait miséricorde,
le Miséricordieux.

Louange à Dieu,
Seigneur des mondes :
celui qui fait miséricorde,
le Miséricordieux,
le roi du jour du jugement.

C'est toi que nous adorons
C'est toi
Dont nous implorons le secours.

Dirige-nous dans le chemin droit :
Le chemin de ceux que tu as comblés de bienfaits ;
Non pas le chemin de ceux qui encourent ta colère
Ni celui des égarés.

Le Coran, Sourate I. Traduction de Denise Masson, Paris, Gallimard, « La Pléiade », 1986

Le pardon est souvent évoqué dans le Coran et dans les prières des confréries. En revanche, il n'a pas de place spécifique dans le rituel sinon lors des ablutions (voir p. 61).

La prière de demande est théoriquement exclue du bouddhisme. Dans la mesure où celui-ci propose une voie spirituelle sans dieu, à qui ses adeptes adresseraient-ils leurs demandes ? Ceci n'exclut pas que l'on puisse rencontrer ça et là, dans la plupart des pays asiatiques de culture bouddhiste, des pratiques de demande. Les prières de demande sont encore plus répandues au sein de l'hindouisme.

En préambule, notons qu'« hindouisme » est un terme générique qui recouvre de nombreuses ramifications spirituelles développées au fil du temps dans les diverses régions du sous-continent indien. Le point commun de ces courants est leur ancrage dans l'ancienne religion de l'Inde. Celle-ci s'est organisée autour du *Veda*, un corpus de textes apparus entre 1800 et 800 av. J.-C. Dans la tradition védique, la prière concourait au rétablissement du *dharma**, l'ordre universel, sans cesse malmené. Aux alentours du IVe siècle avant notre ère, les différentes branches de l'hindouisme se sont déployées à partir de la matrice védique ; parmi elles, la *bhakti**, littéralement la « dévotion » ou l'« adoration ». Cette voie spirituelle est liée à un texte, la *Bhagavad Gita*, une partie d'un ensemble littéraire plus vaste, le *Mahabharata*. Au IIe siècle avant J.-C., la religion védique s'est effacée devant la *bhakti*. La *bhakti* est aujourd'hui le *yoga**, c'est-à-dire la méthode spirituelle la plus populaire en Inde.

La *bhakti* est organisée autour d'une triade divine, la *trimurti*. Celle-ci est constituée de Brahma, le créateur du monde, Vishnou, dieu de la conservation et de la durée, et Shiva, dieu de la destruction et de la transformation. Les croyants se vouent plus particulièrement soit à Vishnou soit à Shiva, à leurs épouses, ou bien à des divinités secondaires. Krishna, l'un des avatars* (incarnations) de Vishnou et qui est le héros de la *Bhagavad Gita*, fait l'objet d'un culte très fervent et très répandu. Par sa dévotion, le *bhakta**, le dévot, fait appel à la grâce de sa divinité d'élection, à la fois pour lui et pour son entourage. Son vœu le plus cher et le plus pur est de voir son seigneur. Mais seule la divinité peut décider de s'offrir à la contemplation de ses dévots. Théoriquement, il ne se pratique aucune autre prière de demande au sens d'un marchandage avec

Page de gauche : lors d'une fête hindoue, une jeune fille grimée en Krishna.

un dieu. Néanmoins, le *bhakta* ayant une relation intime et ardente avec son dieu, qu'il conçoit comme proche, à l'écoute et bienfaisant, lui adresse des vœux. Il lui demande réussite, guérison, fertilité, etc. Ces demandes s'accompagnent de rites et de pèlerinages. Surtout, le dévot demande la libération de sa condition malheureuse.

La bhakti dans la Bhagavad Gita

Dans cet extrait de la *Bhagavad Gita* (l'un des volumes de la grande épopée du *Mahabharata*), Krishna, incarnation du dieu Vishnou, explique la *bhakti* à Arjuna, un des héros.

Pour qui m'adore, abandonne à moi ses actes et se voue à mon service sans partage, absorbé dans la dévotion et méditant sans cesse sur moi, le mental fixé sur moi, pour celui-là, ô Arjuna, je suis le libérateur qui bientôt l'arrachera à l'océan des morts et des renaissances.

(*Bhagavad Gita* XII, 6-7)

L'ACTION DE GRÂCE

Les ex-voto sont de plaques de marbre sur lesquelles les fidèles remercient Dieu, la Vierge ou les saints pour des grâces reçues, le plus souvent des guérisons.

Quelle que soit sa tradition, quand l'orant s'estime exaucé, il adresse à son dieu une prière d'action de grâce, ou de remerciement. Le plus souvent, dans sa joie, il exprime librement sa reconnaissance. Il dit alors une prière spontanée, jaillie du fond de lui-même, une prière jaculatoire. Il existe aussi de nombreuses prières rituelles d'action de grâce. On en retrouvera quelques-

unes au chapitre III, le Magnificat chrétien (voir p. 97) en est un bon exemple. Les bouddhistes, à leur façon, adressent aussi des prières d'actions de grâce, dont le Triple Refuge (voir p. 37). L'action de grâce est primordiale dans la dévotion juive et musulmane. Cependant, les juifs comme les musulmans ne remercient pas pour un bienfait qu'ils auraient obtenu par la prière. Ils rendent grâce à leur dieu de les avoir créés et de les faire vivre dans son amour. La formule arabe « *al-hamdu lillah* », « louange à Dieu », revient sans cesse dans la prière musulmane. Les arabophones l'emploient même dans le langage profane et courant pour dire « merci », tandis qu'elle est passée, telle quelle, en arabe, dans le vocabulaire liturgique des musulmans non arabophones (comme les Indonésiens). La louange rythme donc la vie et la pratique islamique. De même, les juifs ponctuent leur propos des formules « Grâce à Dieu » et « Béni soit-il ».

LE RECOURS AUX INTERMÉDIAIRES

Au cours de l'histoire de l'Église, Marie, la mère de Jésus, est devenue une figure médiatrice. Reconnue *théotokos**, « mère de Dieu », par les orthodoxes et par les catholiques, elle fait l'objet d'un culte. Certains chrétiens voient dans la figure de la Vierge – qui est largement représentée dans la statuaire et l'iconographie chrétienne – l'image de la mère toujours à l'écoute et qui jamais ne déçoit. Surtout, ces chrétiens lui demandent d'intervenir auprès de son fils Jésus-Christ afin qu'il plaide leur cause auprès de Dieu. Ils utilisent pour cela des prières spécifiques ; le Je vous salue Marie (voir p. 95) est la plus célèbre. Ils disent également des chapelets* (une dizaine de Je vous salue Marie, voir p. 81), des rosaires* (voir p. 81), parfois des neuvaines* au cours desquelles, pendant neuf jours consécutifs, ils disent le rosaire. Ils dédient aussi à la Vierge des processions et des pèlerinages.

Les protestants se tiennent à l'écart du culte marial, tout comme de celui des saints. Les réformés voient dans ces dévotions une forme d'idolâtrie, en parfaite contradiction avec le premier des commandements : « Tu n'auras pas d'autre Dieu que moi. »

En revanche, les saints font l'objet d'un culte fervent et démonstratif chez les orthodoxes et les catholiques. Ils sont des hommes et des femmes pieux que l'Église a canonisés (sanctifiés) en raison de leur vie exemplaire et de leurs miracles. On peut citer des martyrs, comme sainte Agnès. Des ascètes, comme saint Antoine. Des mystiques, comme sainte Thérèse d'Avila. Des intellectuels, comme saint Thomas d'Aquin. Pour certains, les saints sont des modèles, pour d'autres, ce sont des intercesseurs privilégiés qu'ils prient ardemment. On prête aussi souvent aux saints des pouvoirs surnaturels, sans lien évident avec la vie spirituelle. Ils sont l'objet de cultes populaires. Par exemple, on prie saint Antoine pour retrouver des objets égarés, sainte Claire pour chasser la pluie… Le saint acquiert ainsi un statut de quasi-divinité à

Le culte des saints anime la piété catholique.

laquelle les dévots consacrent prières, offrandes, processions et pèlerinages. Ces rites sont proches de la superstition.

Le judaïsme évoque parfois des saints, c'est-à-dire des hommes et des femmes reconnus pour leur foi, leur piété, leur rigueur morale ; des juifs qui sanctifient par leur vie le nom de Dieu. Cependant, aucun culte ne leur est rendu. Certains grands rabbis ont des disciples, parfois même une postérité, comme les grands maîtres du hassidisme*, la célèbre doctrine mystique juive développée par le Baal Shem Tov. Mais en aucun cas les maîtres ne sont déifiés. L'idolâtrie est l'un des plus grands péchés pour les juifs. L'adoration exclusive de Dieu fait l'objet des deux premiers commandements du Décalogue* de la Torah* : « Je suis l'Éternel, ton Dieu » et « Tu ne feras pas point d'idole. » Si l'on a pu voir, parfois, parmi les juifs, certains cultes de la personnalité virer à l'idolâtrie, il s'agit de déviances ; aucune religion, aucune tradition, aucun système n'en est exempt.

Le Coran revient lui aussi sans cesse sur le culte exclusif que les croyants doivent rendre à l'Unique. Dans les faits, on trouve

Les dieux hindous sont assortis d'une divinité féminine ou parèdre.

également chez les musulmans un culte des saints, relativement proche de celui des chrétiens. Les saints musulmans, les marabouts, sont des figures historiques, exemplaires, auxquelles certains dévots sont attachés. Ils prient les saints d'intercéder pour eux auprès du Tout-Puissant et, bien que ce soit parfaitement contraire à l'islam, ils leur adressent parfois des demandes, notamment de guérison, car on prête souvent aux saints des talents de guérisseurs. Les tombeaux des saints, ou mausolées, sont des lieux de pèlerinage, comme celui de Hussein, petit-fils du Prophète, qui attire des foules de pèlerins en Irak.

Certains Occidentaux considèrent les dieux, leurs avatars, ou incarnations, et les divinités intermédiaires hindoues comme un panthéon. Pour les hindous, il s'agit, par la dévotion rendue à tel ou tel dieu, de rendre un culte à Brahma, le dieu créateur.

Les premiers adeptes vénéraient le Bouddha historique ou *sakyamuni** et sa doctrine. Peu à peu, relayée par les laïcs et la spiritualité populaire, cette vénération* s'est étendue aux divers bouddhas qui avaient précédé le Bouddha et à ceux qui devaient lui succéder. Ainsi, les divinités indiennes reçurent-elles à leur tour des hommages et offrandes de la part des bouddhistes. Certains voient dans ces pratiques une bonne action susceptible de préparer leur prochaine renaissance sous des auspices favorables.

LA LOUANGE

Chaque tradition spirituelle possède des formules et des rites pour exprimer l'admiration, l'allégeance et l'amour du fidèle pour son dieu, son fondateur ou son principe. La louange est la prière la plus désintéressée puisqu'elle n'a d'autre but que de célébrer un autre pour lui-même, pour sa grandeur, sans rien en attendre en retour. Elle peut jaillir spontanément du cœur et des lèvres de l'orant en louange jaculatoire, elle peut aussi emprunter la voie de la création artistique. Comment ne pas voir dans les cathédrales gothiques une louange qui s'élève vers le ciel ? La magnificence de certains temples* orientaux et mosquées* sont autant d'hymnes* à la grandeur divine. Il faudrait encore citer la peinture, la statuaire, les enluminures, l'orfèvrerie, l'art du vitrail, mais aussi le chant et la musique qui proclament la gloire de Dieu. Certaines traditions orientales ont donné également naissance à des danses sacrées. L'art littéraire et poétique n'est pas en reste (voir le florilège, p. 94).

Les croyants se réfèrent aussi à des textes pour prier.

Les traditions mettent également à la disposition de leurs fidèles des prières de louange ritualisées. On y retrouve les principaux articles de foi de chacune, exposés dans un langage emphatique comme le Gloire à Dieu des catholiques (voir p. 100). Ces textes observent généralement une rythmique qui facilite leur mémorisation en scandant les prières collectives orales. Certains mots ou expressions sont à eux-mêmes une louange. Ils ponctuent les prières et les liturgies*. L'un des plus célèbres est *Alleluia*. Ce mot hébreu, *Hallelu-yah* – repris tel quel par le christianisme et devenu *Allahu* en arabe –, signifie littéralement « Louez le Seigneur ». C'est l'acclamation des psaumes*, que l'on retrouve couramment dans la prière juive et dans les deux autres religions du Livre. C'est la plus grande louange, car elle inclut le nom de Dieu *Yah* (Yahvé) et l'invitation à le louer, *hallelu*. Dans le judaïsme, la louange prend avant tout la forme de la bénédiction, *bérakha*. Celle-ci tient une place essentielle dans la piété juive.

LA BÉNÉDICTION

Bénédiction vient du latin *bene* et *dictio*, qui signifie « dire le bien ».
Comme la prière rituelle musulmane, la prière rituelle juive rythme les jours du croyant. Le juif peut prier seul ou bien en communauté, à la synagogue*. Toutes les prières et tous les services religieux juifs ont en commun une série de bénédictions ou *tefillah*, littéralement « prières », et *amidah*, « prière debout », ou *Shemoneh Esreh*, « dix-huit bénédictions ».
Aujourd'hui, on en compte dix-neuf.

Shemoneh Esreh

Le *Shemoneh Esreh* est appelée *Tefila*, la prière par excellence. C'est une série de dix-neuf bénédictions. Trois de louanges, treize de demande au profit de l'orant et d'Israël, mais qui toutes concernent la vie spirituelle, y compris la guérison, conséquence du pardon des péchés et de la rédemption. Les trois dernières sont des actions de grâce.

Les patriarches
La résurrection des morts
La sainteté

La connaissance
La repentance
Le pardon
La rédemption
La guérison
La bénédiction des années
Le rassemblement des exilés
Les juges
Les hérétiques
Les justes
La reconstruction du temple
La venue du Messie
L'exaucement des prières

La restauration du culte du temple
L'action de grâce
La bénédiction de la paix

Les petits garçons juifs participent aux prières collectives.

Les trois premières bénédictions de ce texte sont des louanges, les treize suivantes des demandes, tandis que les trois dernières servent de conclusion. Contrairement à ce que nous avons dit plus haut, la prière semble ici avoir une place de choix. Néanmoins, on retrouve le pardon en bonne place ; quant aux autres demandes, elles sont toutes d'ordre spirituel et à la gloire de Dieu. À travers elles, ce sont assurément des bénédictions qui s'expriment.

Beaucoup d'autres bénédictions émaillent les prières du juif pratiquant. À commencer par la prière de l'aube, qui s'ouvre par des mots de louange à l'infinie grandeur de Dieu. Ensuite, à travers une succession de versets qui commencent par « *Béni es-tu Seigneur...* », le pratiquant bénit Dieu de lui avoir donné la vie, de lui avoir donné la *Torah* et tous ses bienfaits. Pour les juifs, la terre est à Dieu, les hommes n'en sont que les usufruitiers, aussi doivent-ils bénir le propriétaire avant de jouir de ses fruits.

Les bénédictions accompagnent encore la vie quotidienne. L'accomplissement de chaque *mitsvah**, ou commandement, est précédé d'une bénédiction. Le *Talmud**, le livre de commentaires de la Bible, recommande des bénédictions spécifiques avant de consommer ou de boire des aliments et des boissons, avant certains événements.

Les chrétiens ont adopté à leur tour des bénédictions. Elles s'accompagnent souvent d'un geste de la main (voir signe de croix*, p. 122). Le christianisme est également riche de textes de louanges à la gloire de Dieu (voir p. 100). Ils sont souvent chantés, ce qui renforce la dimension esthétique et affective. Le protestantisme traditionnel passe parfois pour un christianisme sec, intellectuel, antimystique. Pourtant, la louange tient une place importante dans la piété protestante. Celle-ci s'exprime notamment par les cantiques. La Réforme* a puisé ses sources dans la spiritualité rhéno-flamande, principalement chez Jean Tauler (1300-1361) et Maître Eckhart (1260-1328), deux figures majeures de la mystique chrétienne pour qui Dieu est avant tout au fond de soi et, c'est là, au cœur de l'intime, qu'il faut aller le rejoindre. Moine à la piété ardente, c'est parce qu'il reprochait à son Église de vivre éloignée de son cœur, la foi, et de sa sève, la prière, au profit des rites et des œuvres, que Luther devint l'instigateur de la Réforme. À sa suite, refusant les médiations entre le fidèle et Dieu (le clergé, l'Église, les saints, la Vierge, etc.), les réformés se sentent reliés directement à Dieu. Pour Calvin, le fidèle est « vêtu de Dieu, rempli de Dieu, libéré par Dieu, illuminé par Dieu, et glorifié en Dieu ». Face à un catholicisme qu'elles jugent trop ritualiste et trop affectif, les Églises nées de la Réforme se sont recentrées sur la lecture des textes et la réflexion théologique. Cela n'a pas empêché, cependant, des courants mystiques proches de ces Églises de fleurir au cours des âges. Les Veilleurs sont l'un des plus vivants en France. Sous l'impulsion du pasteur Wilfred Monod (1867-1943) et de son célèbre fils Théodore,

La lecture biblique est le cœur du culte protestant.

cette communauté spirituelle œcuménique – composée néanmoins essentiellement de protestants mais de tous les courants, traditionnels et évangéliques – propose à chaque « veilleur » de dire quotidiennement, à des heures précises, les mêmes prières, là ou il est.

La louange est le cœur de la foi et de la piété musulmane. Elle s'exprime de nombreuses manières, mais la principale est la récitation des noms de Dieu (voir *dhikr**, p. 52). Pour le musulman, Dieu est fondamentalement inconnaissable. Néanmoins, on peut connaître quelques modalités de son être et de son agir. Celles-ci s'expriment à travers les quatre-vingt-dix-neuf noms (ou attributs) d'Allah qui sont autant de louanges à sa grandeur, son omnipotence, sa sainteté et sa bonté (voir p. 101). Le chiffre quatre-vingt-dix-neuf est fondé sur un *hadith** d'Abû Hurayra, compagnon du Prophète : « Certes Dieu a quatre-vingt-dix-neuf noms, cent moins un. Quiconque les énumère entrera dans le paradis. Il est le singulier qui aime qu'on énumère ses noms un à un. » L'énumération des noms s'accompagne parfois de l'égrainage d'un chapelet, *lasoubhah* (voir p. 81).

Contorsions de Bharata-Natyam.

La récitation de passages du Coran qui louent Dieu et ses bienfaits, appris par cœur par les fidèles, est aussi une pratique quotidienne de la prière musulmane.

L'hindouisme connaît de nombreuses écoles de spiritualité, qu'elles soient shivaïtes ou vishnouites. La piété de leurs adeptes est parfois si ardente qu'on les désigne alors comme des « fous de dieu ». Le *bahkta* fait de toute sa vie une louange à sa divinité d'élection. Pour lui, la connaissance de Dieu est inaccessible à l'homme par son intelligence. Il ne peut que louer son dieu et toutes les qualités, innombrables, qu'il lui attribue et qu'il énumère dans ses prières (voir pp. 67-68). Il s'adonne aussi à de nombreux rites, à des chants et à de la danse pour célébrer sa présence. Certaines danses religieuses sont très ritualisées comme le *Bharata-Natyam*.

LA VÉNÉRATION

Vénération désigne le respect fait d'admiration et de crainte.

On désigne souvent par « vénérations » les louanges, nombreuses, adressées au Bouddha. Par ces hymnes, il ne s'agit pas de rendre un culte à un dieu puisque Bouddha était un homme du nom de Siddhârta Gautama, qui vécut en Inde aux alentours de 566-486 av. J.-C. En découvrant la loi qui permet de sortir du *samsara**, le cycle des morts et des renaissances auquel tous les vivants sont soumis, le Bouddha, littéralement l'« Éveillé », fonda le bouddhisme. Les vénérations qui lui sont rendues sont de celles que l'on réserve à un homme illustre, un héros, un sage, qui a su transmettre

son savoir et ses mérites ; des hommages pleins d'admiration, des remerciements pour l'enseignement qu'il a transmis. Elles sont aussi l'expression du désir de suivre cet enseignement. Le mot « bouddha » désigne également tous les grands éveillés du Grand Véhicule*, ou Mahayana* (notamment le bouddhisme tibétain), deuxième grande école du bouddhisme (la plus ancienne étant le Théravada*, ou Petit Véhicule, pratiqué notamment en Thaïlande). Les adeptes du Grand Véhicule rendent un hommage aux éveillés qui les ont précédés sur la voie de l'Éveil. Avec le temps, ils finissent par former une sorte de panthéon. On leur attribue des pouvoirs, certains leur rendent un culte. Enfin, dans une troisième acception,

À côté de Bouddha, d'autres grands éveillés suscitent un culte.

bouddha désigne « la nature de bouddha », ou d'éveillé, qui est celle de tout être vivant.

Tous les jours, les pratiquants bouddhistes récitent une prière de vénération commune : le Triple Refuge. Elle est la prière de celui qui a « pris refuge », c'est-à-dire de celui qui est devenu adepte en mettant toute sa confiance dans les Trois Joyaux du bouddhisme : à savoir, le Bouddha, le *dharma* (l'enseignement, la loi du Bouddha) et le *shangha** (la communauté bouddhiste).

La prise de refuge

Les bouddhistes fervents récitent cette prière quotidiennement. Selon leur école, ils la disent en pali, en tibétain, en chinois ou en japonais. Beaucoup d'Occidentaux la récitent dans leur langue.

Je prends refuge dans le Bouddha
Je prends refuge dans le Dharma
Je prends refuge dans le Shangha

Je prends refuge dans le Bouddha, le très honoré ;
Je prends refuge dans le Dharma, d'une pureté incomparable ;
Je prends refuge dans le Shangha où la vie est parfaitement harmonisée.

Cette prière est d'abord acte de foi dans la parole du Bouddha. Ensuite, c'est une reconnaissance de son enseignement qui mène à l'Éveil. Finalement, une reconnaissance de la communauté de ceux qui essaient de mettre en pratique la loi découverte et enseignée par le Bouddha.

La vénération bouddhiste ne comporte aucune mystique, néanmoins, elle est un acte de foi. Le pratiquant récite à heures fixes des hymnes au triple refuge au sein du *shangha*. Il récite aussi des *sûtra*, des textes rapportant les entretiens ou les discours du Bouddha. Pour le pratiquant, ces récitations sont des prières. Elles le mettent en disposition d'atteindre l'Éveil.

L'ADORATION

Adoration vient du latin *adorare*, qui dérive lui-même d'*orare*, « prier ». Avec l'adoration, nous entrons de plain-pied dans la mystique. Ce terme, galvaudé par le langage courant, désigne à l'origine la relation d'amour que les dévots entretiennent avec leur dieu. Le « culte » désigne des rites, l'adoration exprime un mouvement intime, un élan du cœur, passionné. La notion d'adoration varie selon les traditions, mais quelles que soient leurs croyances, les mystiques évoquent des états d'extase, d'abandon d'eux-mêmes lorsqu'ils rapportent leurs expériences d'adoration. Celles-ci s'apparentent à une communion* avec Dieu ou le principe divin ineffable. L'adoration peut passer par la contemplation, l'oraison ou la méditation. À moins que cette dernière ne désigne un chemin de libération. Toutes ces notions, très proches, sont étroitement imbriquées les unes aux autres, néanmoins, elles diffèrent selon les traditions et même selon les confessions.

L'Extase de Marie-Madeleine, par Carlo Dolci (XVIIe siècle).

On ne peut comprendre l'adoration qui unit le mystique juif et son dieu sans évoquer l'un des joyaux de la Bible : le *Cantique des cantiques*. Il s'agit d'un long poème amoureux qui forme un livre entier de la Bible. Dans un langage fleuri, il dépeint la quête passionnée et réciproque d'un « Bien-Aimé » et de sa « Bien-Aimée ». Texte d'une rare beauté, il est l'expression de l'amour de Dieu pour son peuple et pour chacun de ses fils, et, en retour, de l'ardeur qui anime chaque homme qui cherche inlassablement à rencontrer son Seigneur (voir p. 94). Repris dans la Bible chrétienne, le *Cantique des cantiques* exprime parfaitement l'élan qui est au cœur de la mystique juive comme de la mystique chrétienne.

On peut encore illustrer l'adoration chrétienne par ce verset des Évangiles : « Vous êtes en moi et je suis en vous » (Jean 14, 20). Cette affirmation du Christ définit la rencontre spirituelle à laquelle aspirent les chrétiens et qu'ils nomment « communion ». Pour être en communion avec le Christ, le croyant accepte de se laisser habiter par son Seigneur, alors, lui aussi devrait habiter en lui, selon l'Évangile. La communion va au-delà de la communication. Il ne s'agit pas d'un dialogue mais d'une interpénétration : le chrétien se met en état de réception totale, afin de devenir temple de Dieu.

Prière de Catherine de Hueck-Doherty

Voici un bel exemple de prière jaculatoire

La prière est à l'intérieur.
Je suis une Église,
Je suis le temple du Père, du Fils et du Saint-Esprit.
Il vient en moi.
Le Seigneur a dit que son Père et lui
Viendront faire de moi leur demeure.
Je n'ai besoin d'aller nulle part.

Catherine de Hueck-Doherty (1896-1985).
Regards sur la prière, revue de la Renaissance de Fleury, décembre 2003

Orthodoxes et catholiques désignent par « adoration » le fait de se mettre en présence de Jésus-Christ à l'intérieur d'eux-mêmes. Par des méthodes d'oraison et de méditation, ils cherchent à étouffer leur brouhaha intérieur afin qu'émerge cette présence, et qu'advienne la rencontre. Ils pratiquent également la contemplation.

LA CONTEMPLATION

Le mot vient du latin *contemplare* (*cum templum*). Le temple désigne l'espace carré délimité par l'augure dans le ciel et sur la terre, à l'intérieur duquel il recueille et interprète les présages. *Cum templum* signifie « observer à travers le temple » (voir prière, p. 62).

Il s'agit de fixer son attention sur un objet à travers lequel le regard va plus loin. La contemplation mystique est de cet ordre.

Tout comme l'islam, le judaïsme rejette catégoriquement le culte des images. Il le juge idolâtrique. Aussi toute représentation de Dieu est-elle interdite dans les deux traditions juives ashkénaze* et séfarade*. Dans la mystique juive, c'est l'écoute qui est privilégiée. C'est surtout à travers la lecture et l'étude des textes que le juif cherche à entendre la parole de Dieu dont il se sent le serviteur. Il contemple à travers elle la sainteté divine. L'une des principales prières juives s'intitule d'ailleurs Shema Israël*, Écoute Israël.

Shema Israël

Shema Israël, premiers mots du Deutéronome VI, 4 est l'un des passages les plus importants de la prière quotidienne juive. Il est composé de trois paragraphes, encadrés par des bénédictions. Il affirme l'unité et la providence de l'Éternel, ainsi que l'obligation de le servir dans l'amour et d'obéir à ses commandements. Selon l'interprétation rabbinique du Deutéronome (VI, 7), le *shema Israël* est récité au lever et au coucher. Le premier paragraphe est également récité immédiatement avant le coucher.

L'Éternel, notre Dieu, est UN.
Béni soit à jamais le nom de son règne glorieux.
Tu aimeras l'Éternel ton Dieu, de tout ton cœur,
de toute ton âme et de tous tes moyens.
Que ces commandements que je te prescris aujourd'hui soient gravés dans ton cœur ; tu les inculqueras à tes enfants, tu en parleras constamment, dans ta maison ou en voyage, en te couchant et en te levant. Attache-les en signe sur ta main, et porte-les comme un fronteau entre tes yeux.

Le regard tient en revanche une place fondamentale dans la spiritualité chrétienne. Pour Jean de la Croix (1542-1591), l'un des maîtres de la mystique catholique, contempler « c'est regarder et arriver au cœur ou à l'essence du contemplé ». L'adoration trouve son point d'orgue dans l'eucharistie. Les chrétiens confessent la présence réelle de Jésus-Christ dans l'eucharistie ou saint sacrement. Sous les apparences du pain et du vin consacrés par le prêtre lors de la messe*, les croyants affirment que Jésus est présent parmi eux. Ils nomment « transsubstantiation* » ce mystère* de la foi qui échappe à la raison et aux lois de la physique. En mangeant le pain et en buvant le vin, ils croient recevoir le corps et le sang du Christ. C'est ce qu'ils appellent « communier » au corps du Christ. À travers la contemplation des « espèces* » que sont le pain et le vin, orthodoxes et catholiques contemplent le mystère de l'eucharistie. Surtout, ils cherchent à se laisser pénétrer de la présence du Christ. Certains mystiques entretiennent une relation ardente, amoureuse avec le saint sacrement. On peut citer sainte Thérèse d'Avila (1515-1582), parfois nommée « la fiancée de Dieu ». Se rappelant la fondation du monastère Saint-Joseph de Medina del Campo (1567), la grande réformatrice du carmel confiait : « Ma joie fut extrême jusqu'à la fin de la cérémonie. C'est pour moi, d'ailleurs, une consolation très vive de voir une église de plus où se trouve le très saint sacrement. »

Pour les orthodoxes, qu'ils s'inscrivent dans la tradition grecque ou slave, l'icône* est objet de contemplation. Au-delà de l'image pieuse sur bois, l'icône représente la vérité révélée, selon des critères esthétiques et théologiques stricts. La *bhakti* désigne la dévotion et l'adoration.

Pour le *bhakta* hindou, la relation avec son dieu est une relation d'amour. Celle-ci passe par des rites précis qui ponctuent la vie domestique (voir p. 68), notamment les *puja*, rituels honorifiques rendus, à travers une image ou une statue, à la divinité d'élection – il s'agit aujourd'hui souvent d'un poster. Véritable icône réalisée selon des critères religieux précis, pour le fidèle, l'image n'est pas la représentation du dieu. Elle matérialise sa présence, par conséquent, pour eux, les *puja* n'ont rien d'idolâtrique. La contemplation de l'image est l'occasion d'une relation d'amour, ardente, avec le dieu. Par la prière, l'orant bénéficie de la grâce divine. En s'abandonnant totalement à son Seigneur, il parvient à le connaître intimement. Les autres *yoga*, ou méthodes, développés dans l'hindouisme ont pour but la délivrance, la sortie du *samsara*, le cycle des morts et renaissances, par la connaissance ou par l'ascèse, tandis que la *bahkti* est à elle-même son propre but et son propre moyen. Amour du Seigneur et dévotion à Dieu

Page de droite : chaque famille hindoue a un autel domestique.

sont une seule et même réalité pour le *bhakta*. En communiant pleinement avec sa divinité d'élection, l'hindou atteint le *nirvana** : l'extinction des passions* et la délivrance du *samsara*.

L'ORAISON

Oraison vient du latin *orare*, « prier », mais, depuis le Moyen Âge, il a pris une coloration particulière dans le contexte chrétien.

L'oraison est le cœur de la prière chrétienne « ordinaire ». C'est-à-dire celle qui nourrit et habite la vie intérieure du croyant. Elle désigne la ferveur de tout homme et de toute femme qui place sa vie sous le signe de l'amour du Christ.

L'oraison est une forme de prière silencieuse et personnelle, elle ne recourt à aucun texte préétabli. Celui qui la pratique s'en remet totalement à son Dieu ; persuadé de l'existence et de la présence constante de celui-ci à ses côtés, il s'abandonne au Christ. En réponse à cette présence qui l'accompagne, il lui confie l'ordinaire de ses jours, avec leurs hauts, leurs bas et leurs doutes, comme au plus intime de lui-même. C'est pourquoi l'on compare souvent l'oraison à un dialogue amoureux. Celui qui la pratique est persuadé de s'adres-

Le croyant entretient un dialogue intime avec Dieu.

ser à un tout autre qu'il aime plus que lui-même, bien que la rencontre se passe au tréfonds de son intériorité. L'oraison est une expérience totalement personnelle, qui se colore au gré de la sensibilité, de l'affectivité et de la foi de celui qui la pratique. Il ne peut en rendre compte aux autres, ni l'enseigner ; il peut seulement en témoigner comme d'une expérience. Les *Confessions* de saint Augustin en sont une magnifique illustration (voir p. 99). L'oraison ne procède pas d'exercices spirituels particuliers, si ce n'est d'une mise en présence du croyant face à Dieu afin que le dialogue puisse s'accomplir. « Ou bien la faim de Dieu est le soleil autour duquel j'organise tout ; ou bien Dieu est un objet entre autres qui tourne dans le ciel très encombré de ma vie », écrivait André Sève dans son best-seller *Trente minutes pour Dieu*, qui fut, au xxᵉ siècle, le grand penseur de l'oraison.

LA MÉDITATION

Le mot « méditation » semble avoir deux sens relativement différents. Le verbe méditer vient du latin *meditari*, « réfléchir ». La méditation est alors l'action de se concentrer sur un sujet de réflexion. Dans une seconde acception, la méditation est une pratique qui permet de calmer ses pensées et d'atteindre le repos physique et intellectuel, tout en restant conscient.

Quand on parle aujourd'hui de « méditation », beaucoup pensent aux voies spirituelles orientales. Pourtant, les trois

monothéismes abritent en leur sein de longues et belles traditions méditatives méconnues, voire occultées.

Les courants de méditation s'appuient sur les croyances de leur tradition. Ils proposent des méthodes pour atteindre, dans les monothéismes, l'état de contemplation, l'Éveil, la délivrance et le *nirvana* dans le bouddhisme et l'hindouisme. On parle parfois d'« écoles de méditation », car les techniques, précises et sophistiquées, souvent transmises par un maître, ne s'acquièrent qu'à force de persévérance. On parle d'ailleurs d'« exercices » de méditation.

Le vide mental est le but de la méditation orientale.

46

La méditation produit un état de relaxation profonde, au cours duquel l'esprit reste en éveil, mais dans un état de vigilance modifiée.

La première étape consiste à trouver la position confortable dans laquelle l'orant pourra se tenir suffisamment longtemps, car la méditation demande du temps. Certaines postures sont censées libérer les énergies ; il existe, au sein des traditions, de nombreuses théories sur les postures.

La récitation participe à l'état méditatif. Des études ont montré qu'à force de susciter sans cesse les mêmes circuits neurologiques, la répétition d'une formule finit par entraîner la saturation de ces circuits. Peu à peu, l'hémisphère gauche du cerveau est comme anesthésié. La pensée rationnelle dont il est le siège se trouve ainsi désolidarisée de l'hémisphère droit qui abrite l'imagination poétique, l'intuition, etc.

Les techniques de respiration viennent ensuite saisir le pratiquant dans l'une de ses fonctions les plus vitales : le souffle. Il est le lieu, le symbole et parfois le synonyme de la vie – rendre son dernier souffle, c'est expirer, cesser de vivre. La maîtrise de la respiration favorise la relaxation au cours de laquelle le rythme cardiaque et la tension artérielle diminuent indéniablement.

En hébreu, le mot méditer dérive de *badad*, « être seul ». Il a plusieurs sens : l'isolation physique et la solitude intérieure. Pourtant, l'homme qui prie n'est pas seul, il est face à son créateur avec lequel il dialogue. La kabbale*, le principal mouvement mystique et ésotérique juif, prône une communion mystique ; elle se méfie de la fusion qui pourrait déraper dans une sorte d'identification de l'homme à Dieu. Aussi, il vaut mieux s'adonner à la méditation à l'intérieur d'un groupe

plutôt que seul, afin de prévenir les dérives. La méditation kabbalistique tient une place prépondérante dans le hassidisme ; son maître le plus célèbre est rabbi Abraham Aboulafia (1240-1292). Cette méditation aide à la rencontre de Dieu par des exercices de respiration et par l'émission de sons (les voyelles). La rencontre s'opère aussi par la contemplation des lettres de l'alphabet hébraïque et de leur graphisme. Cet alphabet est l'objet de différentes approches spécifiques au judaïsme, à la fois techniques et ésotériques (les *séphirot** et la *gématrie**). Grâce à ces exercices, la lecture des textes livre des sens nouveaux : autant de pistes de réflexion et d'interrogation pour le juif dont la pratique se partage toujours entre la prière et l'étude.

LES CHRÉTIENS ET LA MÉDITATION

À la *yeshiva*, l'école, inlassablement, les juifs pieux étudient.

Les chrétiens de toutes les confessions observent des temps de méditation.

L'Orient chrétien a perpétué une très ancienne méthode : l'hésychasme*. Cette « prière des prières » est centrale dans la spiritualité orthodoxe. Elle est un héritage des Pères du désert, des moines ermites réfugiés dans le désert égyptien au IVᵉ siècle de notre ère ; Jean Climaque (580-649), un moine du monastère Sainte-Catherine du mont Sinaï, en fut l'un des théoriciens. L'hésychasme est pratiqué par les moines orthodoxes, il est encore très vivant au mont Athos.

Le mot « hésychasme » vient du grec *hêsychia*, qui signifie « tranquillité », « repos », « solitude », « retraite ». Il désigne la prière perpétuelle de l'âme qui s'abandonne à la contemplation de son Seigneur, loin des turpitudes du monde. L'hésychaste (généralement un moine) répète des formules courtes. La « prière de Jésus » est la plus célèbre. Celui qui la pratique dit inlassablement : « Seigneur Jésus-Christ, Fils de Dieu », à chaque inspiration, puis : « Aie pitié de moi, pécheur » à l'expiration. À force, l'incantation finit par scander naturellement la respiration. Cette pratique mène à une forme d'abandon de soi-même. L'intelligence et le cœur sont unifiés dans une prière profonde ou « prière spirituelle », c'est-à-dire dans une contemplation qui est un don de Dieu pour les orthodoxes ; un bienfait au-delà des efforts humains.

Isaac le Syrien

Isaac le Syrien († 406), ermite, ascète, est un Père du désert
N'attends pas d'être purifié
de la distraction des pensées
avant de te mettre à désirer prier.
Au contraire, c'est par la prière continuelle
Et de nombreux labeurs
Que la distraction disparaîtra.
Isaac le Syrien IV, 34
Regards sur la prière, revue de la Renaissance de Fleury, décembre 2003

Les catholiques pratiquent différentes méditations. La plupart des ordres monastiques privilégient une méthode, ce qui n'exclut pas qu'ils aient recours aux autres. Parmi elles, citons les *Exercices spirituels* d'Ignace de Loyola (1491-1556). À travers un discernement spirituel accompagné par un guide et obéissant à des règles précises, le pratiquant doit parvenir à circonscrire à l'intérieur de lui-même la place de son désir et celle qu'il laisse à Dieu. Dès lors, il peut se laisser habiter davantage par son Seigneur et s'abandonner encore plus à sa contemplation. Citons la *lectio divina*, une sorte d'adoration à travers la lecture et la méditation des Écritures. Après avoir réfléchi au sens littéral de l'extrait, on cherche à en dégager un sens allégorique, puis moral, pour arriver enfin au sens spirituel. Alors, on laisse celui-ci raisonner en soi-même. Cette méditation silencieuse des textes (dont les techniques varient selon les ordres religieux) est quotidienne dans la plupart des monastères français. On retrouve ici le premier sens donné au mot « méditation ». Cependant, le but n'est pas intellectuel. Au travers des textes, il s'agit d'entrer en contemplation de la parole divine et finalement de son auteur. Par la « rumination » de certains extraits, une lecture répétitive, celui qui médite abandonne finalement toute réflexion intellectuelle pour s'abîmer dans une sorte d'extase. On parle finalement de la « manducation » des Écritures car le méditant ingère le texte à la façon d'un aliment qui nourrit son itinéraire spirituel.

Le chapelet est la prière catholique répétitive la plus populaire ; il est pratiqué par les religieux et les laïcs. La récitation de dix Je vous salue Marie consécutifs installe un état méditatif. Alliant la méditation des « mystères » de la vie du Christ à la fois humaine et divine et la récitation de cent cinquante

Je vous salue Marie, le rosaire est un fleuron de la méditation chrétienne.

Le rosaire chrétien

C'est à Dominique de Prusse, un moine chartreux du xvᵉ siècle, que l'on attribue l'institution du rosaire avec la méditation des quinze mystères et la récitation des cent cinquante Je vous salue Marie. En 2002, Jean-Paul II a ajouté cinq nouveaux mystères, « les mystères lumineux », qui concernent la vie publique du Christ.

Les vingt mystères sont regroupés en quatre catégories :
- les mystères joyeux (naissance du Christ)
- les mystères lumineux (vie publique du Christ)
- les mystères douloureux (mort du Christ)
- les mystères glorieux (résurrection du Christ)

Chaque mystère est annoncé, puis il est suivi d'une dizaine de chapelets (un chapelet équivaut à une dizaine de Je vous salue Marie).

Au xixᵉ siècle, les « apparitions » de la Vierge à Lourdes ont encore renforcé cette dévotion.

Depuis l'expansion des sagesses orientales en Occident, grâce à des maîtres comme Taisen Deshimaru (1914-1982), des chrétiens pratiquent la méditation bouddhiste comme une technique pour atteindre des états de contemplation. Ainsi, les dominicains du monastère de L'Arbresle (France) s'initièrent au zen* dès les années soixante-dix. Cette pratique est aujourd'hui relativement répandue.

Luther prônait la méditation de la « triple couronne ». Afin que la prière ne se borne pas à une formule rituelle énoncée machinalement, le réformateur conseillait de méditer les demandes du Notre Père, du *Credo** (l'acte de foi chrétien) et celles des dix commandements. Une forme de méditation

Du monde entier on vient prier le rosaire devant Notre-Dame de Lourdes.

de type intellectuel, dont le but est cependant l'oraison et la contemplation de la Vérité. Une autre forme de méditation du texte s'est ensuite largement répandue dans le protestantisme : le culte personnel. Il s'agit d'aborder un extrait biblique en se posant une série de questions qui permettent d'entrer plus avant dans le texte et d'en faire l'occasion d'un examen de conscience (un retour critique sur soi-même, ses actions et ses intentions).

LA MÉDITATION SOUFIE

Méditer, pour le soufi, le mystique musulman, revient à faire l'expérience intime de la grandeur de Dieu face à la petitesse de l'homme. C'est s'en remettre à Dieu jusqu'à la mort à soi-même (*fânâ*).

Le soufisme est la voie ascétique* de l'islam apparue dès la dynastie ommeyade, au Ier siècle de l'Hégire* (VIIe siècle apr. J.-C.). Contre un islam qu'ils jugeaient trop légaliste, ritualiste et politique, les soufis ont voulu proposer une voie de retour à l'essentiel de la foi : la présence de Dieu. Toujours plus ou moins suspectés par l'orthodoxie, ceux que l'on nomme aussi les « ivres de Dieu » se préparent à la présence divine par le repentir, les ablutions et, surtout, le *dhikr*, la répétition incessante des quatre-vingt-dix-neuf noms divins (voir p. 101). Par ces incantations, les soufis cherchent à se souvenir de leur union primordiale à Dieu et, surtout, à la restaurer. À la manière du moine hésychaste (voir p. 49), le soufi cherche à accorder son souffle et la répétition de la formule sacrée afin que son rythme respiratoire devienne peu à peu une incessante louange. Les soufis s'adonnaient traditionnellement aussi à la danse spirituelle par laquelle ils atteignaient des états proches de la transe ; ces danses tombent petit à petit en désuétude. La tradition des derviches tourneurs reste néanmoins vivace en Turquie.

Par toutes ces techniques pratiquées en groupe, au sein de la *tariqa**, la confrérie, le soufi cherche à accomplir la pleine réalisation humaine : l'union à Allah.

Tournant sur eux-mêmes, les derviches atteignent la transe.

Djalâl ud-Dîn Rumi (1207-1273) et les derviches tourneurs

Poète soufi d'origine persane émigré en Turquie, Rumi est l'un des plus grands mystiques musulmans du XIIIe siècle. Le *Mathnawi* est le texte le plus célèbre de sa colossale œuvre poétique. Assoiffé de Dieu, il était passionné par la musique, à travers laquelle il percevait la voie de son Bien-Aimé, et pour la danse, qui lui permettait de s'unir à Lui dans un mouvement sacré. Ses compositions ont profondément marqué la musique turque. Il fonda, à Konya, la confrérie des derviches tourneurs, l'une des principales confréries de l'islam, qui pratiquent la *sema**, la danse sacrée. Par leur tourbillon sur eux-mêmes – d'une grande beauté pour les spectateurs –, ses disciples, tout de blanc vêtus, parviennent à un état extatique.

LE YOGA

Le mot « yoga » dérive de la racine indo-européenne *jug* qui signifie « joug » ou « joindre » en français (on retrouve l'idée de *religare*, « relier », qui a donné naissance au mot « religion »). En sanskrit, il signifie « attelage ».

Par « yoga », les hindous désignent un moyen de maîtriser les passions et d'échapper au cycle des renaissances, le *samsara*. La dévotion, ou *bhakti*, est un moyen de délivrance, nous l'avons souligné. Il en existe d'autres, dont le *raja yoga*, ou yoga royal, et le *hata yoga*. Ce que les Occidentaux nomment habituellement « yoga » est une forme dérivée du *hata yoga*, qui n'en garde que la pratique de quelques postures, les *asanas**, et des

Le yoga est une sagesse et une discipline corporelle fondée sur la maîtrise du souffle.

exercices de maîtrise du souffle, le *pranayama**. Pour les hindous, le yoga est une sagesse et une discipline du corps pour
faire le vide de soi (fin des attachements, des égoïsmes). Par
le *yoga*, certains cherchent à accueillir en eux-mêmes le divin
à travers leur divinité d'élection, d'autres méditent sur le *Brahman**, l'absolu. On pratique le yoga dans des *ashrams*, sortes
d'ermitages ; il est transmis par un maître, le *guru**. Ceux qui
s'y adonnent en permanence sont des *yogi** dont la vie n'est
régit par aucune règle religieuse précise si ce n'est la discipline
du *yoga*. Les postures doivent être maintenues plus ou moins
longtemps avec fermeté, mais sans crispation. Elles obéissent
à des lois énergétiques étudiées avec minutie. Il existerait
quelque quatre-vingt-quatre mille *asanas*, mais une centaine
seulement sont pratiquées. La maîtrise du souffle, *prayanama*,
doit conduire à la réunion de l'énergie individuelle de celui
qui respire avec le souffle qu'il inspire, l'*atman*, ou soi personnel et immortel de tout homme. La récitation silencieuse, la
japa*, d'un nom ou d'une formule sacrée, *mantra**, permet de
purifier et d'apaiser le mental. Le *mantra* peut être un mot
ou même un son qui symbolise toute la croyance du pratiquant. Généralement, c'est le *guru* qui transmet à son élève
un *mantra* personnel qui l'accompagnera toute sa vie dans ses
exercices de méditation ; il le répétera alors des milliers de
fois. Toutefois, c'est la syllabe OM qui accompagne la prière
de la majorité des hindous.

Le yoga de Patanjali

Le yoga n'a pas de fondateur, son origine se perd dans la nuit des temps indiens. Un texte cependant lui sert de socle, les *Yoga sutra*, d'un certain Patanjali dont on ignore presque tout. Les indianistes le situent entre le IIe siècle av. J.-C. et le IVe siècle. On lui doit un exposé des huit étapes du yogi.

1. *yamas* : l'éthique sociale
2. *niyamas* : l'éthique face à soi-même
3. *asanas* : les postures
4. *pranayama* : la respiration
5. *pratyara* : la maîtrise des sens
6. *dharana* : la concentration
7. *dhyana* : la médiation
8. *samadhi** : l'état d'unité

LA MÉDITATION BOUDDHISTE

La méditation est la voie principale proposée par le bouddhisme pour atteindre la libération. La discipline mentale est indispensable, les manuels bouddhistes proposent des textes qui alimentent cette méditation. Il s'agit d'approfondir ce que l'on nomme les « Quatre Nobles Vérités » : tout est souffrance, le désir est la cause de la souffrance, la cessation du désir stoppe la souffrance et il existe une voie qui permet la cessation de la souffrance. En pali, le mot qui désigne la souffrance est *dukka**. Il évoque l'impermanence et l'imperfection. Ainsi, dans sa perception de lui-même comme étant un être permanent, un tout et un ego, l'homme est dans l'illusion. S'il ne parvient pas à sortir de l'illusion, il reste englué dans le cycle de la souffrance, des morts et des renaissances, *samsara*. Pour quitter définitivement l'état de souffrance et sortir du *samsara*, il doit avancer sur le « Noble Chemin octuple ». On nomme ainsi la quatrième « Noble Vérité », dans laquelle

le Bouddha propose une voie de libération. La discipline mentale aide à atteindre la vérité, elle fait partie de ce chemin vers l'Éveil, *satori**. Méditer, pour l'éveillé, c'est expérimenter le vide intérieur. Il ne s'agit pas de rencontrer une entité extérieure, mais de contempler la vacuité. Pour les adeptes du Théravada (Petit Véhicule), l'éveil est la compréhension parfaite et la réalisation des quatre vérités. Pour ceux du Mahayana (Grand Véhicule), l'éveil est la prise de conscience de sa propre nature de Bouddha. L'éveil permet à l'homme d'entrer dans le *nirvana* et de sortir du cycle des morts et renaissances.

La méditation la plus pratiquée en Europe et notamment en France est celle du bouddhisme tibétain. Elle consiste à installer, par une sorte de lâcher-prise de toute maîtrise, un état de vacuité mentale. Comme tous les maîtres de méditation bouddhistes, les lamas tibétains – qui consacrent leur vie à la méditation – apprennent à leurs disciples à rythmer leur souffle. Ils suivent une méthode précise, en seize étapes, transmise par le Bouddha. La visualisation est également au cœur de la pratique tibétaine qui utilise pour cela des *mandalas** (voir p. 69). Les pratiquants récitent aussi des *sutra**, des extraits du canon bouddhiste. Ces récitations, ou prières, ne s'adressent à aucune divinité, mais elles sont une aide sur la voie de l'Éveil, *satori*, l'expérience de la vérité qui mène à la

Assis, le souffle ralenti, centré sur l'intérieur, le pratiquant fait *zazen**.

libération, le *nirvana*. « Le sutra du cœur » désigne un extrait que récitent les moines, mais aussi les laïcs, le plus souvent possible, en toute occasion.

Le zen est issu du bouddhisme chinois (*chan*) et fut importé au Japon par maître Dōgen (1200-1253). Comme tous les autres courants bouddhistes, il n'impose ni dogme ni croyance, il se transmet de maître à disciple. Son but consiste d'abord à installer un état sans réflexion ni pensée. Il s'agit d'opérer un lâcher-prise mental, de se libérer de l'illusion de l'ego et d'arrêter le cours des réflexions. Pour cela, les pratiquants utilisent des *koan**, de courtes formules paradoxales choisies spécialement pour dérouter le mental. Contrairement aux *mantra* et aux *sutra*, c'est par la déstabilisation du mental que le *koan* est censé conduire celui qui concentre sur lui son attention. Exemple : quel est le bruit d'une seule main qui applaudit ?

Mais la grande originalité du zen est surtout le *zazen*. Le mot dérive de *za*, « s'asseoir », et *zen*, « comprendre ». Il s'agit de trouver la position stable et de comprendre la vérité de l'univers, c'est-à-dire de retrouver la posture du Bouddha au moment de son Éveil. Le *zazen* s'appuie sur une technique du souffle. Il est considéré comme la voie la plus directe pour atteindre l'illumination, *satori* en japonais.

Les rites et les pratiques

Source de paix et de joie, la vie spirituelle nécessite des orientations intérieures et existentielles exigeantes. *Quid* de l'élévation intérieure sans une conversion du regard et du cœur, une *métanoïa*, disaient les Grecs, c'est-à-dire un retournement de l'être vers l'invisible et l'essentiel ? Elle implique une ascèse* et une morale, et demande de la persévérance. Les expériences fortes sont rares. Après avoir aperçu, voire contemplé, la lumière, celui qui chemine se retrouve souvent dans l'ombre, parfois dans l'obscurité (la nuit spirituelle est un thème classique de la mystique). Pour traverser les éclipses, seule l'espérance et la pratique soutiennent l'être en marche. Les traditions spirituelles offrent à leurs fidèles des règles, des textes, des liturgies, des méthodes, et même quelques outils pour faire la route. Elles leur proposent des rites et des cérémonies : des temps de recueillement codifiés par des rituels précis, accomplis scrupuleusement, avec solennité et ferveur. Les rites symbolisent les croyances, ils les mettent en mots, en chants, en gestes, en situations. Minutieusement élaborés au cours des âges, les rituels cherchent à réunir les conditions physiques, émotionnelles et même énergétiques propices à susciter et à soutenir la vie spirituelle des individus. Sans pouvoir toutes les visiter, faisons à présent un détour par quelques grandes pratiques fondamentales qui animent la vie spirituelle au sein des grandes traditions religieuses.

LES TEMPS ORDINAIRES

Avant de prier et afin de s'y préparer, les croyants font souvent des ablutions. La pratique des ablutions traverse les traditions. Purifications corporelles rituelles, les ablutions participent à la prière.

Les hommes juifs doivent prendre un bain rituel, le Mikvé*, le vendredi, avant le shabbat, et avant les fêtes – les femmes, avant leur mariage, après les accouchements et à la fin des règles. Le Mikvé était scrupuleusement observé autrefois, il l'est moins aujourd'hui. Le christianisme a quasiment abandonné les ablutions si ce n'est au moment du baptême*, par lequel le profane purifié par l'eau renaît chrétien. Dans l'islam, les « grandes ablutions » du corps tout entier sont commandées avant la prière du vendredi, avant de toucher le Coran, et au début du pèlerinage à La Mecque. Les « petites ablutions » de la tête, des mains et des pieds sont obligatoires avant les cinq prières quotidiennes. Les mosquées disposent de fontaines à cet effet. Quand il n'y a pas d'eau à proximité, par exemple dans le désert, on utilise du sable, on parle « d'ablutions sèches ». Avant ses dévotions du matin, le bhakta hindou doit se laver les dents et prendre un bain ou une douche. Ensuite, il se rince plusieurs fois la bouche. Il se purifie ainsi le corps extérieurement et intérieurement. Les temples disposent toujours d'un point d'eau, et les adeptes doivent prendre un bain avant de pénétrer à l'intérieur. Des ablutions se pratiquent également dans le bouddhisme. Symboliquement, ces ablutions chassent les traces de souillure spirituelle de l'existence, afin d'y manifester la pureté originelle de l'être, c'est-à-dire

Page de gauche : dans toutes les traditions, l'eau purifie.

l'illumination. La toilette devient ainsi un acte de méditation.

Les prières quotidiennes

« *Place toujours le Seigneur devant toi* » : ce verset du psaume XVI est inscrit sur la façade de nombreuses synagogues.

Dans le judaïsme, la vie est un rituel ininterrompu ; les gestes de tous les jours, l'occasion d'accomplir des rites. La vie quotidienne est rigoureusement codifiée par des *mitsvhot*, des obligations, et par des interdits, notamment ceux de la *casherout** concernant la nourriture. Le respect de ces règles et des différents rituels sont une bénédiction à Dieu. Il n'existe pas de monachisme juif, on appelle « religieux » les juifs qui appliquent à la lettre, dans leur vie familiale (le mariage est une *mitsvah*) et au cœur du monde, tous les rituels prescrits. Ils consacrent également une large part à la lecture de la Torah et du Talmud, car pour les juifs l'étude est un acte de piété. Ils pratiquent également des prières rituelles.

Chaque jour, les pratiquants accomplissent trois prières : le matin *shaharith**, l'après-midi *minhah** et le soir *arbith**. Les prières quotidiennes se font seul ou bien à la synagogue.

Le rituel de chaque prière quotidienne alterne la récitation d'une série de textes de bénédictions, de louanges, d'actions de grâce et de repentir. À des textes canoniques s'ajoutent des passages de la Torah et des Psaumes.

Pour prier, en signe de soumission à Dieu, l'homme pose une *kipa*, une calotte de tissu, sur le sommet de son crâne. Pour la prière du matin, en semaine, il porte le *tallit**, un châle de laine dont les franges sont appelées *tsitsit**. Le *tallit* symbolise les tentes d'Israël au temps de son exode dans le désert du

Sinaï. Les *tsitsit* rappellent la nécessité de respecter les commandements divins. Grâce à un lacet de cuir, l'orant attache les *tefillin**, ou phylactères*, des boîtes de cuir contenant des prières manuscrites inspirées de la Bible, sur son front et sur son bras gauche. Placé sur le biceps, à la hauteur du cœur, il indique le service du cœur, la crainte de Dieu et l'acceptation du joug divin ; celui de la tête symbolise le service de l'intellect. Cette pratique se réfère au *Shema Israël* (voir p. 41) : « Que les commandements que je te prescris aujourd'hui soient gravés dans ton cœur. (…) Attache-les en signe sur ta main, et porte-les comme un fronteau entre tes yeux. » Pendant la prière, le juif balance son corps d'avant en arrière, toujours en souvenir de l'exode. Une façon aussi de rester un homme en marche, qui ne s'installe pas dans la routine et les certitudes.

Tallit et *tefillin* accompagnent quotidiennement la prière juive.

Aucune prière ni aucun rituel quotidiens ne sont obligatoires pour les laïcs des différentes confessions chrétiennes. Mais l'habitude veut qu'au lever, les fidèles de toutes les confessions adressent leurs premières paroles à Dieu, ainsi que les dernières, au coucher. La posture habituelle de la prière personnelle est à genoux devant une croix, un crucifix, ou bien devant une statuette ou une image pieuse, les mains jointes, doigts croisés. Souvent, pour commencer et pour finir, l'orant fait le « signe de croix » : il trace une croix sur son corps en souvenir de la crucifixion de Jésus. Mais là encore, rien n'est obligatoire. Le croyant peut dire une prière personnelle, jaculatoire, ou réciter un Notre Père (voir p. 15), un Je vous salue Marie (voir p. 95), s'il est catholique ou orthodoxe, un Gloire à Dieu (voir p. 100) ou toute autre prière, par exemple une prière au Saint-Esprit (voir p. 96). Il peut lire un psaume ou un passage des Évangiles. Ou bien encore puiser dans les traditions monastiques.

Chaque jour, les prêtres, les diacres, les moines et les moniales doivent lire le bréviaire* : le livre liturgique contenant des prières, les hymnes, les psaumes et les lectures pour toutes les « heures ». On appelle ainsi les prières officielles de chaque jour, agencées selon le calendrier ecclésiastique. Les offices des heures (matines, laudes, tierce, sexte, none, vêpres et complies) rythment les jours et les nuits de ceux qui les pratiquent ; il existe quelques variantes mineures entre les heures des catholiques et celles des orthodoxes. La vie des moines et des moniales – étude, travail, repos, apostolat – s'organise autour des offices des heures auxquels s'ajoute la messe quotidienne. Ces offices sont célébrés en commun, dans la chapelle du monastère. Le plus souvent, ils sont chantés ; en grégorien (le latin ancien de l'Église) dans de nombreux monastères catholiques de l'Hexagone. Toutefois, parallèlement à la branche des moines cénobites*, qui vivent en communauté, le monachisme orthodoxe comprend une branche érémitique, constituée d'ermites, ou anachorètes*, qui s'adonnent exclusivement à la prière. Dans leur solitude, ou « désert », ceux-ci accomplissent les mêmes rites liturgiques.

Les laïcs peuvent assister aux offices monastiques, lors de retraites (voir p. 85) ou de visites. Seuls, ils peuvent aussi lire le bréviaire qui ne leur est pas interdit. Dans les paroisses, les « grandes heures », laudes (le matin) et vêpres (le soir), furent longtemps célébrées quotidiennement, jusqu'à ce que le manque de prêtre rende rares ces offices quotidiens.

C'est surtout à travers une lecture assidue des Écritures que les protestants des Églises historiques se mettent quotidiennement à l'écoute de Dieu. Ils récitent également l'une ou l'autre prière de leur choix.

Tous les musulmans du monde prient en direction de la Ka'aba.

La Ka'aba

Bloc de pierre cubique (15 mètres de haut sur 10 et 12 mètres de côtés), la *Ka'aba* est située au centre de la Grande Mosquée de La Mecque. La légende attribue sa construction à Adam. Détruite lors du Déluge, Abraham l'aurait reconstruite avec l'aide d'Ismaël, son fils naturel. Mohamed aurait lui-même contribué à sa restauration en insérant la *Pierre noire* de l'angle oriental.
Après avoir pendant un temps dirigé la prière vers Jérusalem, dont il avait eu une vision, Mohamed aurait choisi d'orienter la piété vers la *Ka'aba*. Recouverte d'un brocart noir (la *kiswa*) brodé de versets coraniques, c'est autour de la Ka'aba que les pèlerins effectuent la circumambulation*.

Dans les pays musulmans, cinq fois par vingt-quatre heures, le *muezzin**, ou crieur, lance l'appel à la prière, souvent depuis le minaret de la mosquée dont il est membre. Les prières, ou *salât**, sont obligatoires pour tout musulman, dès l'âge de la puberté. « Célèbre les louanges de ton Seigneur quand tu te lèves. Glorifie-le une partie de la nuit et au déclin des étoiles.» (Coran LII, 48-49).

L'islam n'a pas de monachisme, tous les fidèles doivent accomplir leurs prières, à la mosquée ou bien seuls là où ils se trouvent. Ils s'installent alors sur un tapis de prière, *sajjâda**, qu'ils orientent en direction de La Mecque et la *Ka'aba**.

Dans la mosquée, la direction de la prière est indiquée par le mur de *qibla* dans lequel est aménagé le *mihrab** qui indique cette direction aux fidèles.

*Sobh**, la prière du matin, répétée deux fois, est dite à l'aube, dès la fin de la nuit noire. *Dhur**, la prière de midi, répétée quatre fois, est dite dès que le soleil a passé le zénith. *Asr**, la prière de l'après-midi, répétée quatre fois, est dite avant que le soleil ne devienne orangé. *Maghrib**, la prière du soir, répétée trois fois, est dite aussitôt après le coucher du soleil. *Isha**, la prière de la nuit noire, répétée quatre fois, est dite au moins une heure et demie après le coucher du soleil. Avant de prier, le musulman pratique des ablutions.

La prière musulmane est une prière d'adoration, de louange et d'action de grâce. Les cinq prières obéissent au même rituel. Debout, face à La Mecque, mains ouvertes, les paumes en avant placées à la hauteur des oreilles, l'orant prononce le premier « *Allahu akbar** ». Les bras croisés, ou le long du corps, il récite ensuite la *fatiha* (voir p. 21), puis, debout, une ou deux sourates du Coran de son choix (apprises par cœur).

Commence alors une série de gestes d'adoration. Le fidèle incline d'abord profondément son buste, puis il se prosterne, genoux et front contre terre. Il redresse ensuite le buste et, toujours à genoux, s'assied sur ses talons. Il prononce alors une profession de foi, la *Tashahhod*. Enfin, il se prosterne une dernière fois. Le cri liturgique « *Allahu akbar* », « Dieu est plus grand ! », marque chaque changement de position. L'orant est serviteur de Dieu, il le marque par la prosternation complète finale. La prière se fait toujours en arabe, seule la prédication de vendredi se fait dans la langue du pays (voir p. 77).

Au cours de la journée, pendant ses déplacements, ses activités, le musulman peut réciter les noms de Dieu. Il s'aide alors d'un chapelet.

Pour le *bhakta*, le dévot hindou, la vie entière est un culte. Dans sa maison, il réserve un lieu pour sa dévotion. Il installe un autel ou bien accroche au mur une image de sa divinité d'élection. Non loin brûle le « feu du foyer » qui ne sera éteint qu'à la mort du père de famille, c'est celui-ci qui pratique le

culte familial, assisté de son épouse, parfois d'un prêtre, un *brahman*. Le père de famille a été initié au cours d'une cérémonie spécifique à la sortie de l'enfance ; dès lors, il est « deux fois né » – tandis que c'est le mariage qui sert de rite d'initiation aux femmes. Les rites se pratiquent au lever et au coucher du jour. Avant ses dévotions du matin, le *bhakta* doit se laver les dents et prendre un bain ou une douche. Ensuite, il se

Les musulmans prient cinq fois par jour.

67

rince plusieurs fois la bouche. Il se purifie ainsi le corps extérieurement et intérieurement (les temples disposent toujours d'un point d'eau, et les adeptes doivent prendre un bain avant de pénétrer à l'intérieur). Quand le soleil se lève, le *bhakta* répète plusieurs fois la *savriti*, la louange au soleil incitateur : « Puissions-nous posséder cet éclat désirable du dieu Savitr, en sorte qu'il incite nos pensées. » Par ces mots, il s'agit de délivrer le jour des démons. Le *bhakta* répétera la *savriti* au crépuscule. Suit la récitation de *mantra* ou la lecture d'un texte sacré. Puis, une méditation silencieuse accompagnée d'exercices de respiration, *pranayama*, ou bien d'une récitation murmurée, *japa*. Vient ensuite la *puja*, la vénération de l'image de la divinité familiale. Aujourd'hui, il s'agit souvent d'un poster, parfois d'une statue. Ceux-ci sont dépositaires de l'énergie du dieu qu'ils matérialisent. La contemplation du dieu peut aussi se faire à partir d'un *mandala*.

Le mandala

Un *mandala* est une sorte de dessin en forme de cercle inscrit dans un carré. On retrouve le principe selon lequel le microcosme représente le macrocosme. Support à la méditation des hindous et des bouddhistes, il aide à comprendre le monde.

Chez les hindous, la divinité à laquelle il est dédié est figurée au centre du mandala, à la jonction de toutes les lignes géométriques.

Chez les bouddhistes tibétains, les dessins géométriques du mandala montrent comment pénétrer à l'intérieur de ses propres centres d'énergie, les *chakra*.

La méditation sur la forme du *mandala* en répétant des *mantras* permet de se connecter avec le cœur des bouddhas et du maître qui a initié le pratiquant.

Le mandala est souvent provisoire (dessiné sur du sable par exemple) afin d'inviter à méditer sur l'impermanence. Support à la visualisation, il participe à la compréhension instantanée de toute chose. Par la réalisation de mandalas, certains pratiquants prétendent atteindre l'Éveil.

Dans le rite familial, l'allumage de la lampe à huile de l'autel, l'offrande de cette lumière, mais aussi celle de fleurs, voire d'encens et de lait, accompagnées de la récitation d'une prière face à l'image du dieu constituent l'essentiel de la *puja* quotidienne.

La tradition des mandalas est commune aux hindous et aux bouddhistes.

L'encens

Résine de l'arbre appelé *Boswellia
sacra*, – l'encens était plus précieux que
l'or, pendant l'Antiquité. L'arbre mâle,
seul, fournit le précieux produit, il faut
une dizaine d'années pour qu'il donne une
résine de qualité. Brûlé, l'encens dégage
une fumée très odorante. Prisé, raffiné et
rare, il est une précieuse offrande religieuse.
Sa fumée symbolise l'élévation de la prière.
Le mot « encens » a été emprunté vers
1135 au latin ecclésiastique *incensum*,
désignant une matière brûlée en sacrifice.
Les Mésopotamiens, les Égyptiens, les
Grecs, les Romains et les Hébreux en
firent un grand usage.
Il est aussi mentionné dans les Évangiles,
comme l'un des précieux cadeaux apportés
à la crèche par les Rois mages. Les prêtres orthodoxes utilisent beaucoup
d'encens au cours de leur liturgie ; les catholiques le réservent aujourd'hui
surtout aux fêtes. Il est totalement absent des cultes protestants.
Les hindous et les bouddhistes font une large utilisation de l'encens dans
leurs rituels. Des ribambelles de bâtons ou de tortillons d'encens brûlent dans
les temples et les pagodes. Dans ses rites domestiques, le *baktha* hindou fait
également brûler de l'encens pour sa divinité d'élection.

La société indienne est régie par le système des castes. Les
prêtres, ou *brahman*, en sont une. Les *brahman* vivent dans des
temples et se livrent à la vie cultuelle. Les *yogi* se recrutent en
revanche parmi toutes les castes ; ils défient ainsi le système.
Ils participent parfois à la vie cultuelle, mais ne sont astreints
à aucune pratique. D'autres hindous choisissent d'abandonner l'état laïc pour se consacrer à la vie mystique, ce sont les
« renonçants », ou *sanyasin**. Ermites itinérants, ils se sont
arrachés aux obligations de leur caste et ont renoncé à toute
vie sociale et familiale. Ils se livrent entièrement à l'ascèse, et

Dans les
pagodes et
les églises,
l'encens
porte la
prière.

leur but est la délivrance. Bien que minoritaires, ils sont un modèle de la vie mystique.

La vénération (voir p. 35) du Bouddha et de son enseignement transmis par ses plus éminents disciples a donné naissance à des cultes populaires. Les divinités indiennes, considérées elles aussi comme des bouddhas, des éveillés, reçurent à leur tour hommages et offrandes de la part de bouddhistes qui croient ainsi préparer leur prochaine renaissance sous de bons auspices.

Ce culte, calqué sur la *bhakti*, consiste en diverses offrandes de fleurs et de parfums, en chants de louanges, récitations de textes sacrés attribués au Bouddha, les *sutras*, et en méditation. À cela s'ajoutèrent très tôt des pèlerinages (voir p. 87).

Les offrandes prennent parfois des allures folkloriques.

Au cours des siècles, le culte s'est développé et compliqué, parfois jusqu'à l'exubérance. Pour réciter ses prières, le bouddhiste s'accompagne d'un *mala**, un chapelet (voir p. 81). Les Tibétains utilisent aussi des « moulins de prière ». Petit réceptacle doté d'un manche, le moulin contient un papier sur lequel est inscrit un *mantra*. Chaque tour de manche équivaut à une récitation du *mantra*. La méditation est le cœur du bouddhisme, du moins tel qu'il nous apparaît en Occident. Le bouddhiste doit s'astreindre à des temps de méditation le plus souvent possible. Toutefois, le laïc n'est soumis à aucune obligation, tandis que dans les monastères, la vie s'organise autour de la méditation. Les laïcs peuvent prendre part à la pratique des moines, de façon occasionnelle ou bien lors de retraites (voir p. 85).

Le monachisme bouddhiste varie selon les courants et les écoles. Certains moines sont ermites, ou errants. D'autres vivent en communauté. Dans les monastères, la vie quotidienne et la pratique sont rigoureusement codifiées, particulièrement dans la tradition zen. Dans ses règles, Dōgen, qui importa le bouddhisme au Japon (voir p. 58), met l'accent sur l'importance du quotidien. Pour le zen, l'illumination est accessible à chaque individu dans la vie de tous les jours. La méditation doit s'effectuer dans chaque geste, même les plus triviaux comme le rangement des chaussures devant le *dojo*, la salle de méditation zen. Des ablutions se pratiquent également dans le bouddhisme. Symboliquement, ces ablutions chassent les traces de souillure spirituelle de l'existence, afin d'y manifester la pureté originelle de l'être, c'est-à-dire l'illumination. La toilette devient ainsi un acte de méditation.

Dans toutes les traditions, un maître guide la méditation. Tout commence par un salut, les mains sont jointes, à hauteur de la poitrine (les formes varient selon les écoles). Suivent des prosternations, en signe d'abandon. Le bouddhiste tibétain se jette à terre, la prosternation zen est sobre. Les prosternations se font habituellement par séries de trois ou de neuf. Les pratiquants prennent ensuite la position du lotus ou du demi-lotus, le dos droit, le torse déployé.

La position du lotus et du demi-lotus

Les bouddhistes marquent une prédilection pour le lotus. Dans cette fleur magnifique dont la corolle reste immergée tandis que les racines trempent dans des eaux troubles, ils trouvent un symbole à méditer.

La posture du lotus est bien connue des *yogi*. Les bouddhistes l'adoptent pour pratiquer leur séance de méditation assise (il existe aussi des méditations en marchant).

La position du lotus (ou diamant) : le méditant bouddhiste est assis à terre, à même le sol ou sur un petit banc ; les adeptes du zen s'assoient sur un coussin, *zafu**. Les deux genoux touchent le sol et les pieds, ramenés vers le corps, se croisent au niveau des mollets. Le pied gauche sur la cuisse droite et vice versa. La plante des pieds est tournée vers le plafond.

La position du demi-lotus : les deux genoux touchent également le sol, mais l'une des jambes et son pied reposent, à plat, sur le mollet de l'autre jambe.

Tous les courants préconisent une attention sur le souffle, *anapanasati**, décrite par le Bouddha lui-même et qui comporte seize étapes.

Le lotus est le symbole de la méditation bouddhiste.

Hormis le zen, tous les autres courants distinguent deux grandes catégories de méditation : *samatha bhavana**, la méthode de concentration qui mène à la dissolution du mental, et *vipassana bhavana**, la claire vision qui mène à la sagesse et conduit à la libération. *Samatha bhavana* propose des antidotes aux poisons de l'esprit : par exemple, par une méditation sur la haine, il s'agit d'atteindre la bienveillance. *Vipassana bhavana* permet d'atteindre la contemplation de l'impermanence, en se concentrant sur les « sept éléments de l'éveil » : l'attention, la curiosité, l'énergie, la joie, la tranquillité, la concentration, la sérénité. Peu à peu, le pratiquant explore sa conscience en développant la sérénité. Il prend conscience de la vérité : la vie est impermanente, pénible, échappe à sa volonté. Cela doit l'aider peu à peu à se détacher du monde et à entrer dans le *nirvana*. *Vipassana bhavana* se pratique le plus souvent assis, mais également debout, en marchant ou allongé. Le zen préconise plutôt de faire *zazen*.

LES RITES DE FIN DE SEMAINE

À la fin de chaque semaine, les croyants des religions du Livre, juifs, chrétiens et musulmans, consacrent une journée à Dieu et à la prière, en référence au texte biblique de l'Exode : « Mais le septième jour est le shabbat du Seigneur, ton Dieu. Tu ne feras aucun ouvrage, ni toi, ni ton fils, ni ta fille, pas plus que ton serviteur, ta servante, tes bêtes, ou l'émigré que tu as dans tes villes. Car en six jours le Seigneur a fait le ciel et la terre, la mer et tout ce qu'ils contiennent, mais il s'est reposé le septième jour » (Exode 20, 10).

S'ils le peuvent – suivant les habitudes du pays où ils vivent –, les fidèles des trois monothéismes observent un jour de repos en souvenir de la Création, décrite au début du premier livre de la Bible, la Genèse. Ils en profitent pour participer à des prières collectives ritualisées à la synagogue, à l'église, au temple ou à la mosquée. Les juifs fêtent le *shabbat* le samedi, les chrétiens honorent le dimanche, les musulmans se retrouvent le vendredi à la mosquée pour la grande prière collective.

Le *shabbat* s'ouvre avec le coucher du soleil du vendredi soir, et dure jusqu'au lever de lune du samedi soir. Les hommes juifs doivent prendre un bain rituel, le *Mikvé*, le vendredi, avant le *shabbat* ; également avant les fêtes – les femmes, avant leur mariage, après les accouchements et à la fin des règles. Le *Mikvé* était scrupuleusement observé autrefois, il l'est moins aujourd'hui. Pendant le *shabbat*, tout travail est prohibé dans la communauté ; aussi bien que de cuisiner, d'écrire, d'utiliser sa voiture et l'électricité. En chômant ainsi, le juif rend le monde à son Créateur qui, dans sa bienveillance, lui permet d'en jouir. Le *shabbat* est consacré à la prière, à l'étude, au repos et à la famille. Les offices à la synagogue sont dirigés par le rabbin*. Ce sont des temps collectifs de recueillement, l'assemblée chante des hymnes, récite des prières, lit la Torah. Tous les offices nécessitent un quorum de dix hommes adultes *minyan**. Les femmes peuvent aussi prier à la synagogue, mais elles ne comptent pas pour *minyan*. Le dîner familial du vendredi soir fait partie de la liturgie du *shabbat*. Il commence par

Le dimanche, les orthodoxes célèbrent la sainte liturgie.

l'allumage des cierges par la mère de famille, qui prononce alors une bénédiction rituelle. Le dimanche, les catholiques et les orthodoxes se rendent à l'église. Les catholiques assistent à la messe, les orthodoxes à la sainte liturgie. Les protestants se rendent au temple ou bien à l'église (le terme change selon les appartenances), où ils suivent le culte.

La sainte liturgie orthodoxe est essentiellement chantée, la voix humaine étant envisagée dans cette tradition comme l'instrument de la louange. Il existe différents rites, byzantin, russe. La liturgie la plus célèbre en France est la Divine Liturgie de saint Chrysostome. Selon les rites, les offices sont en grec, en russe (souvent en slavon, russe ancien d'Église) ou bien dans la langue du pays. La messe des catholiques est ponctuée de chants accompagnés souvent d'instruments de musique, généralement de l'orgue ; parfois, celui-ci porte seul l'oraison silencieuse des fidèles. La sainte liturgie comme la messe sont très ritualisées – signe de croix*, bénédiction, génuflexion*, encensement*... Mais avant tout, ces deux offices célèbrent l'eucharistie (voir p. 41). Investis du pouvoir divin, les prêtres consacrent le pain et le vin en corps et sang du Christ. La messe comme la sainte liturgie sont aussi célébrées en semaine. Prêtres et religieux y assistent quotidiennement, tandis que les laïcs n'y sont tenus que le dimanche.

Le culte protestant, dans toutes ses variantes, est essentiellement un temps de prière et de réflexion collective sur la parole de Dieu. La liturgie des protestants est sobre ; du moins dans les Églises historiques, car c'est l'exubérance qui distingue les mouvements évangélistes (voir p. 19). Les fidèles chantent des cantiques, lisent des textes des Écritures et récitent des prières à haute voix. Ils suivent le prêche du pasteur, la lecture exégétique d'un extrait des Évangiles, accompagné d'un enseignement moral. Le pasteur n'est pas un prêtre. Formé à la théologie, il dirige la prière, mais, contrairement au prêtre catholique ou orthodoxe, il ne consacre pas les « espèces ». La sainte cène* fait mémoire du sacrifice du Christ. Par ce rite, le corps et le sang du Christ sont symboliquement représentés, mais, contrairement aux autres chrétiens, les protestants n'affirment pas que le pain est le corps du Christ et que le vin en est son sang. Selon les Églises et les courants, la sainte cène n'est pas systématiquement célébrée à chaque culte.

Le vendredi à midi, les musulmans vont à la mosquée pour la grande prière hebdomadaire. Le rituel est le même que celui des prières de la semaine (voir p. 66), s'ajoutent seulement une grande récitation commune du Coran, ainsi qu'un sermon, un enseignement fait par un *imam**. L'islam n'a pas de clergé, l'*imam* n'est pas un prêtre mais un lettré qui dirige les prières. À la fin de celle du vendredi, toujours assis sur leurs talons, les fidèles échangent des vœux de paix. Une fois relevés, souvent, ils se serrent la main.

Les prières du vendredi, celles des fêtes et celles des funérailles ont une dimension sociale.

La cérémonie du vendredi est une prière collective.

LES FÊTES

Toutes les traditions ont un calendrier liturgique fait d'un nombre plus ou moins élevé de fêtes. Celles-ci commémorent un événement précis comme *Vesak**, la grande fête bouddhiste qui célèbre l'Éveil et la mort du Bouddha. D'autres glorifient une divinité comme *Ganesha chaturthi**, la fête de Ganesh, la divinité secondaire hindoue la plus populaire. Certaines honorent un événement particulier, comme la Pentecôte chrétienne, fête de la descente de l'Esprit saint sur les apôtres.

Temps de joie spirituelle communautaire, occasions de retrouvailles familiales et conviviales, certaines fêtes religieuses sont honorées au-delà du cercle des croyants et des pratiquants habituels. L'exemple de Noël*, la grande fête chrétienne de la naissance de Jésus, aujourd'hui fêté par une majorité de l'humanité, est suffisamment parlant. Les raisons commerciales sont évidentes, mais elles n'expliquent pas toute l'ampleur du phénomène.

Les fêtes religieuses sont généralement placées à des moments clefs de l'année : solstices, équinoxes, changements des sai-

Comme Noël, *Hanoukka* est la fête de la lumière et des enfants.

78

sons, etc. Elles se sont parfois substituées à d'anciens rites païens. Ainsi, au solstice d'hiver, la célébration de Noël, ainsi que celle de *Hanoukka**, la fête juive des lumières, aident à passer la période la plus sombre de l'hiver. Avec le retour de la lumière (Jésus est la lumière du monde pour les chrétiens), elles annoncent le renouveau et redonnent de l'énergie à ceux que la grisaille et les frimas ont épuisés. Pour le croyant, ces fêtes trouvent un écho profond. Au-delà du folklore, les liturgies spécifiques des fêtes nourrissent la méditation du croyant et accompagnent les individus au rythme des saisons, au plan spirituel comme énergétique.

Les moments importants de l'existence – naissance, passage à l'âge adulte, mariage et mort – sont également accompagnés par les traditions. Citons la circoncision juive et musulmane, le baptême chrétien, l'initiation et la crémation hindoues. Chaque fois, il s'agit de marquer l'événement, de le placer sous de bons auspices et d'accompagner ceux qui le traversent. Ainsi, les rituels funéraires font mémoire du défunt et cherchent à assurer son bonheur dans l'au-delà. Ils accompagnent également le deuil de ceux qui restent et les aident à conjurer leur peur de la mort. Ces rites ont une dimension sociale tellement forte que de nombreux agnostiques, voire d'incroyants, les pratiquent.

Toutes les fêtes s'accompagnent de préparatifs matériels, mais surtout d'une préparation spirituelle. Ainsi, les « jours redoutables » préparent à la repentance de *Yom Kippour* (voir p. 14), l'Avent* à fêter Noël, le carême* à célébrer Pâques*. Ces périodes préfestives sont marquées par le recueillement et par des exercices ascétiques spécifiques comme le jeûne.

LES TEMPS FORTS
ET LES PRATIQUES PARTICULIÈRES
Le chapelet, ou rosaire

Hormis le catholicisme, de nombreuses traditions désignent indistinctement par chapelet ou rosaire un collier de perles que l'on tient à la main. Il aide les croyants à réciter des prières répétitives. Son origine serait indienne et remonterait au Ve siècle av. J.-C. Les chapelets, que *Ramanaya*, un texte indien, nomme *djepian*, du mot *djepa*, « prière », étaient en or, en argent, en bois précieux et le plus souvent en ivoire. Certains étaient même faits de fleurs et ne servaient qu'une fois ; d'où le nom de « rosaire ». Le chapelet brahmanique, le *mala*, la « guirlande », ou *japa-mala*, « guirlande de prières », incitent les ascètes à ne pas s'égarer dans les litanies des noms des divinités.

Les Orientaux aussi prient avec un chapelet.

Le *mala* est un attribut essentiel du pèlerin bouddhiste (voir p. 92). Composé de cent huit grains, il symbolise les cent huit souffrances du Bouddha, pendant la nuit de l'Éveil et sa lutte contre Mara, le dieu du désir et de la mort. Il sert à compter et rythmer les formules sacrées prononcées pour se purifier et apaiser son esprit.

Le chapelet chrétien est central dans le culte marial catholique. Composé de cinq dizaines de grains, il accompagne la récitation du Je vous salue Marie. Le rosaire est la récitation de cent cinquante Je vous salue Marie accompagnées d'une série de méditations particulières (voir p. 51).

Le chapelet musulman compte quatre-vingt-dix-neuf grains. Chacun désigne un nom divin. Les musulmans l'ont souvent à la main, même au cours d'une conversation. L'égrener même machinalement est un geste de dévotion.

Les jeûnes

Le jeûne est une privation rituelle de nourriture et de boisson à des fins spirituelles. Pratique ancestrale, des textes hindous anciens comme le *Mahabharata* et les *Upanishad* en font déjà mention. Le jeûne est répandu dans de nombreuses traditions spirituelles. En désuétude dans certaines, comme le catholicisme, il connaît un véritable regain aujourd'hui dans l'islam. En instaurant des jeûnes rituels, les traditions ont mis le doigt sur l'attachement viscéral de l'homme à la nourriture et à la boisson. Impératifs vitaux dont le besoin rythme la vie humaine, l'alimentation et la boisson sont liées affectivement à la mère nourricière. Ne plus avoir faim est signe de maladie ou d'un manque d'« appétit » de vivre. Le plaisir de boire et de manger est l'un des plus répandus, mais aussi des plus recherchés.

Surtout s'il est partagé. La convivialité est une occasion privilégiée de partage. Des banquets rituels existent d'ailleurs dans de nombreuses traditions. Ils sont intégrés à la liturgie dans le lieu de culte, comme l'eucharistie ou la sainte cène. Ils peuvent aussi être un repas familial, comme le *seder**, le dîner de *Pessah*, la Pâque juive. Parallèlement à la liturgie, les offices et les fêtes sont souvent suivis d'agapes, même dans le bouddhisme : la fête de *Vesak* est l'occasion de repas autour des temples.

En proposant des périodes de jeûne, les traditions créent une rupture. Elles bousculent les habitudes humaines les plus profondes ; elles taquinent la peur du manque. Elles perturbent le rythme physiologique et la vie sociale. Elles marquent l'austérité. Dans les trois monothéismes, le jeûne prend l'accent de la pénitence et a parfois connu des dérives doloristes. Au sens spirituel, il s'agit de mettre l'individu face au manque tout en lui proposant de le combler, non pas par des aliments, mais par une nourriture spirituelle. Le temps passé à la cuisine et au repas doit être réinvesti dans la prière, la lecture et la méditation des textes. La convivialité doit être remplacée par une plus grande attention aux autres. La fin de tous les jeûnes est marquée par un repas festif.

Le culte juif comprend plusieurs jeûnes qui préparent à des fêtes. Cependant, le jeûne le plus célèbre et le plus suivi est celui de *Yom Kippour*. Le jour du Grand Pardon, les juifs se privent de nourriture afin de se centrer sur leur repentance.

Les dîners du *shabbat* et des fêtes sont ritualisés.

Le carême est suivi par les fidèles des trois confessions chrétiennes. Il dure quarante jours avant Pâques. Il commence le mercredi des Cendres et se termine par la semaine sainte. Il fut longtemps marqué par l'abstinence volontaire de viande et de sucreries, et par le jeûne total du vendredi saint (commémoration de la crucifixion du Christ). Le carême rappelle le temps qu'aurait passé Jésus dans le désert où il aurait jeûné avant d'entamer sa vie de prédication. Ces quarante jours sont eux-mêmes une évocation des quarante années d'errance du peuple juif dans le désert. Le carême a longtemps marqué la vie sociale européenne. Pratiqué de façon stricte par les orthodoxes, il prend une tonalité essentiellement spirituelle dans le protestantisme. Les fidèles prient davantage et intensifient leur lecture de la Bible. Cette dimension est aujourd'hui largement partagée par les catholiques ; beaucoup ne jeûnent plus – si ce n'est parfois le vendredi saint –, mais se privent par exemple de télévision afin d'accorder davantage de temps à la prière.

Le ramadan est le neuvième mois du calendrier musulman. Le mois pendant lequel les croyants pratiquent le jeûne le plus important de l'islam. Respecter le ramadan constitue le troisième des cinq piliers* de l'islam. L'obligation de jeûner relève du Coran : « Ô vous qui croyez, le jeûne (*as-siyâm*) vous est prescrit comme il a été prescrit aux générations qui vous ont précédés – Peut-être craindrez vous Dieu – » (Coran II, 183). *Siam*, en arabe, signifie « s'abstenir, se retenir de »... Pendant le ramadan, les musulmans renoncent à manger et boire, mais aussi à fumer et aux relations intimes. Ils doivent adopter un comportement conforme aux préceptes de leur foi (notamment redoubler d'attention pour les pauvres). Ils doivent aussi prier et lire davantage le Coran.

Le ramadan concerne les fidèles qui ont atteint l'âge de la puberté et qui sont en pleine possession de leurs facultés mentales. En sont exclus les malades, les femmes en période de menstruation et les vieillards. Pour être valable, le jeûne doit être pratiqué avec l'intention intime de l'accomplir. Le jeûne commence à l'apparition de l'aube et se termine au coucher du soleil. Alors les pratiquants se retrouvent en famille et festoient.

Le ramadan prend fin avec la fête de l'*Aïd el-fitr**.

Depuis les temps anciens, l'hindouisme pratique des jeûnes rituels. Tout comme pour les bouddhistes, le jeûne n'a pour les hindous aucune connotation pénitentielle. Il s'agit d'une ascèse qui accompagne et stimule la méditation. Le jeûne le plus célèbre de la *bhakti* est celui qui précède *Mahashiva-ratri*, la grande nuit de Shiva, considérée comme la nuit la plus sainte de l'année. La veille est consacrée au jeûne. Par ailleurs, la frugalité alimentaire fait partie du *yoga*. Arrivés à un stade de détachement que l'on a du mal à se représenter en Occident, certains *yogi* peuvent se passer de nourriture et de boisson pendant des périodes d'une longueur qui défient toutes les lois de la médecine.

Le jeûne fait partie des exercices spirituels courants dans le bouddhisme. Toutes les écoles préconisent une vie et une alimentation frugales, pour les laïcs et surtout pour les moines. Les moines errants mendient leur nourriture afin de s'habituer à éventuellement s'en passer et, finalement, à adopter une attitude de détachement. La littérature bouddhiste est prolixe sur le sujet. Le *Theravada* recommande de s'astreindre aux *dhutangas**, treize moyens de purification ascétiques préconisés par le Bouddha, le jeûne en fait partie. *Nyoug Né** est un jeûne propre au bouddhisme tibétain qui se pratique à la même période que le carême (printemps). Il alterne un jour de jeûne partiel et un jour de jeûne complet pendant lequel l'abstinence est totale puisqu'il est même interdit de parler, sauf pour les sessions rituelles.

Les retraites

La vie séculière pleine d'agitation n'est guère propice à la prière et à la méditation. De tout temps, dans beaucoup de traditions, les laïcs ont ressenti le besoin d'aller se retirer dans des monastères. Le silence est un trésor pour la mystique.

La coutume d'aller faire une pause auprès des moines ou des moniales, d'aller vivre au rythme calme, lent et régulier de leurs prières et de quémander leur accompagnement spirituel est fréquente chez les chrétiens. Elle connaît même un véritable regain aujourd'hui, boostée sans doute par la vie moderne trépidante. Certains font des retraites de silence. Les seules paroles qu'ils prononcent sont des prières adressées à Dieu. D'autres suivent un enseignement.

À l'intérieur des monastères, les moines et les moniales font eux aussi des retraites, régulièrement ou occasionnellement, à des rythmes différents selon les ordres. Certains parlent de « désert ». Ces temps de récollection précèdent souvent les grandes fêtes liturgiques. Quant aux ermites, davantage répandus chez les orthodoxes (cette tradition n'existe pas dans le protestantisme), leur vie est comme une longue retraite de solitude, de silence et de prière perpétuelle.

Dans les *ashrams*, sortes d'ermitages en dehors des villes, les hindous vont également se recueillir auprès d'un *guru* et suivre ses enseignements moraux et spirituels. Ils participent à des temps de prière et de méditation collective et ils assistent à des *puja*. Les retraites sont des étapes importantes sur la voie de la délivrance. Elles réunissent toutes les conditions de la méditation.

Les retraites sont un des pivots du bouddhisme. Les laïcs vont régulièrement faire des haltes dans les monastères. Ils suivent l'enseignement d'un maître et pratiquent la méditation en groupe pendant quelques heures ou quelques jours. Mais la retraite la plus célèbre est celle de trois ans, trois mois et trois jours, au total 1 190 jours. Il s'agit d'un temps de récollection organisé dans un endroit à part où les retraitants – moines, moniales et laïcs – vivent en vase clos. La cohabitation et le partage des tâches quotidiennes, appelés « méditation dans

Les monastères attirent des laïcs en quête de recueillement.

l'action », ne sont pas les moindres exercices spirituels de l'expérience. Les retraitants laïcs prononcent des vœux : ne pas tuer, ne pas voler, ne pas mentir, ne pas consommer de produits « intoxicants » et être chaste. Les pratiques débutent avant l'aube et se terminent tard dans la soirée. L'essentiel s'effectue seul, en cellule, où chacun, assis en lotus, médite de façon intensive : douze heures chaque jour, par session de trois heures. La paix s'installe peu à peu, au rythme des exercices et de l'approfondissement intérieur. À la fin de la retraite, les laïcs reprennent le cours de leur vie familiale et professionnelle ; les moines, leur vie monastique ordinaire.

Les pèlerinages

On trouve des pèlerinages dans toutes les traditions. Le principe ? Se rendre dans un lieu, parfois à pied, seul ou en groupe, afin de prier, de rendre grâce ou d'obtenir des bienfaits matériels. Les pèlerinages font partie de la religion populaire, ils flirtent parfois avec la superstition, quand il s'agit d'obtenir des bienfaits de la part d'un saint ou d'un dieu. Ou bien quand ils sont le fruit d'une promesse faite à une divinité en échange de la réalisation d'un vœu. Certains réunissent souvent des foules très nombreuses. Les pèlerins sont souvent sensibles à la dimension collective, rassurante et émotionnellement forte.

Au sens spirituel, il s'agit d'une démarche de prière et d'ascèse. Le pèlerinage matérialise la notion de déplacement, d'avancée spirituelle. Ceci est d'autant plus frappant pour les pèlerinages effectués à pied. Cette marche est l'occasion d'une prière et d'une longue méditation, lente, rythmée par le pas et par le souffle. Il existe des prières spécifiques pour accompagner ces marches, notamment des litanies.

Le judaïsme a quatre grands lieux de pèlerinage en Israël. Le plus important est le Temple de Jérusalem qui, selon la Torah, est le bâtiment religieux construit par les juifs pour abriter l'Arche d'Alliance. Il fut détruit et reconstruit plusieurs fois. Il ne reste aujourd'hui que le Mur des lamentations, ou Mur occidental. Les juifs vont prier devant ces grosses pierres blanches dont les aléas historiques les ont longtemps tenus éloignés. L'espoir de venir prier devant ce mur a soutenu pendant des siècles la piété et l'espoir des diasporas ashkénaze et séfarade ; le soir de *Pessah**, les juifs continuent de s'échanger ce vœu : « L'an prochain à Jérusalem. »

Le Mur des lamentations symbolise la piété juive à travers les âges.

D'autres lieux importants attirent les pèlerins : le tombeau des Patriarches, à Hébron, en Cisjordanie, où l'on prétend que sont enterrés Adam et Ève, Abraham et Sarah, Isaac et Rebecca, Jacob et Léa ; le tombeau de Rachel, la femme

de Jacob, attire les femmes qui n'arrivent pas à enfanter ; pour *Soukkot**, la fête des cabanes, certains juifs religieux se rendent également dans le Sinaï afin de commémorer Moïse et l'exode. Les chrétiens font aussi des pèlerinages à Jérusalem, lieu de la mort et de la résurrection de Jésus. Le Saint-Sépulcre est une basilique construite sur le lieu où, selon la tradition, Jésus est mort et ressuscité. Les chrétiens s'y rendent en pèlerinage. Ils se rendent aussi au jardin des Oliviers où, selon les Évangiles, Jésus passa une nuit d'angoisse la veille de sa mort. Dans les rues de Jérusalem, la *via dolorosa* est pour eux l'occasion d'un long chemin de croix*. Les chrétiens nomment ainsi une procession ponctuée de quatorze stations, au cours desquelles

Les chemins de Compostelle attirent à nouveau des foules de pèlerins.

sont évoquées les étapes de la Passion, le supplice du Christ avant sa mort. Les catholiques et les orthodoxes ont encore bien d'autres lieux de pèlerinage. Les apparitions de la Vierge au XIXᵉ siècle ont renforcé ce culte. Ainsi, la petite ville de Lourdes est-elle à présent connue dans le monde entier. Les saints sont aussi l'objet de pèlerinages. Saint Jacques est à l'origine de l'un des pèlerinages catholiques les plus célèbres depuis le Moyen Âge : le pèlerinage à Compostelle où des pèlerins nombreux continuent à venir à pied de toute l'Europe.

Le pèlerinage est central dans l'islam. Le *hajj**, « grand pèlerinage », à la ville sainte de La Mecque (Arabie Saoudite) est une obligation rituelle que tout musulman doit remplir au moins une fois dans sa vie (s'il en a les moyens financiers et physiques). Le *hajj* a été institué par Allah et cor-

Chaque année une multitude de pèlerins gagne La Mecque.

respond au cinquième pilier de l'islam décrit dans le Coran. Le mot *hajj* désigne également toute personne qui a fait ce pèlerinage. Accolé au nom de la personne, il est une marque honorifique quand on s'adresse à elle. *Dhû al-hijja*, « celui du pèlerinage », est le douzième mois de l'année musulmane, celui au cours duquel se fait le grand pèlerinage. On connaît bien les images de l'immense mosquée de La Mecque où des milliers de pèlerins vêtus de blanc vont et viennent durant ce mois. Notamment sur l'esplanade où trône la *Ka'aba* (voir p. 65) autour de laquelle les pèlerins font des circumambulations*. Les musulmans peuvent faire d'autres pèlerinages, notamment à Jérusalem, au dôme du Rocher sur lequel est érigée la mosquée Al-Aqsa. Ils se rendent également sur les lieux où vécurent des saints (voir p. 28) de l'islam. Mais aucun de ces pèlerinages n'a de caractère obligatoire.

Le pèlerinage est une pratique très populaire en Inde, notamment dans les sept villes sacrées de l'hindouisme. Les plus célèbres sont sans doute Vârânasî (Bénarès) et Ayodhya. Trois villes accueillent en plus, à trois ans d'intervalle, le gigantesque rassemblement de la *Kumbhmela**, la commémoration du « barattage de l'océan de lait », un événe-

En Inde, les bains rituels se pratiquent dans les fleuves.

ment mythique de l'hindouisme. Quatre villes forment le pèlerinage le plus sacré, aux quatre points cardinaux de la carte mythologique de l'Inde : Badrinath, près de la source du Gange, Puri, Rameshvaram et Dwarka. Toutes sont dédiées à une divinité et elles sont toutes à proximité d'un fleuve ou d'une étendue d'eau déclarés sacrés. Elles attirent des nuées de pèlerins qui viennent prendre un bain rituel. Il est censé les soustraire au cycle du *samsara*.

Quatre villes sont déclarées saintes par le bouddhisme : Lumbini, le lieu de naissance du Bouddha (au Népal) ; Bodh-Gaya, le lieu où il a atteint l'Éveil (dans l'État du Bihar) ; Sarnath, le lieu du premier prêche (en Uttar Pradesh) ; Kusinâgar, le lieu où il atteint le *nirvana* (en Uttar Pradesh). Il existe également des lieux de pèlerinage locaux. En chemin, les pèlerins méditent, récitent des *sutras* en s'accompagnant de leur chapelet et, tout en marchant, agitent leur moulin à prières.

Les prières des morts

Le culte aux morts est l'une des pratiques les plus répandues sur la planète ; certains le voient même comme le critère de distinction entre l'homme et l'animal.

Quels que soient le lieu, l'époque, la culture et les croyances, les hommes rendent hommage aux défunts. Ils font mémoire de ce que fut la vie des disparus, et formulent des vœux pour le repos éternel de ceux-ci.

Nous ne pouvons citer toutes les pratiques particulièrement codifiées et toutes les prières aux défunts.

Notons cependant que des sagesses et des voies spirituelles sans dieu, comme le confucianisme, proposent à leurs membres des rites qui s'apparentent singulièrement à la prière. Le culte aux ancêtres ressemble à une forme de dévotion divine. Dans la franc-maçonnerie, les tenues funèbres invitent les frères et les sœurs à se recueillir à la mémoire du maillon de leur chaîne qui vient de passer à l'Orient éternel. Par cet instant de communion collective, les loges cherchent à créer ce qu'elles nomment « l'égrégore », un fil invisible de fraternité tendu entre les membres présents et absents, entre les vivants et les morts. Il rappelle ce que les chrétiens appellent la « communion des saints* », une communion spirituelle entre les âmes des vivants et celles des morts.

ғlorilège

PRIÈRES JUIVES

Dans le judaïsme, l'amour de Dieu est indissociable de l'amour du prochain comme l'illustre cette phrase du Baal Shem Tov, fondateur du hassidisme.

Si vraiment tu aimes Dieu, cela se reconnaît à ton amour des hommes.

Cantique des Cantiques

Poème d'amour, poésie érotique, ce texte tranche avec le reste de la Bible. Difficile à dater, on l'attribue souvent au roi Salomon. Les croyants y voient le symbole de la relation d'amour entre l'homme et Dieu. En voici un bref extrait :

Mon bien-aimé élève la voix,
Il me dit : « Lève-toi, ma bien-aimée,
ma belle, viens.
Car voilà l'hiver passé,
C'en est fini des pluies, elles ont disparu.
Sur notre terre les fleurs se montrent.
La saison vient des gais refrains,
Le roucoulement de la tourterelle
Se fait entendre sur notre terre.
Le figuier forme ses premiers fruits

Interprétation libre du *Cantique des Cantiques* par Marc Chagall (1960).

Et les vignes en fleur exhalent leur parfum.
Lève-toi, ma bien-aimée, ma belle, viens. »

Traduction œcuménique de la Bible.

Début du **Psaume 118** lu au *seder* de la fête de Pessah consacré à la *Haggadah*, le récit de la sortie d'Égypte des Hébreux.

Louez le Seigneur car il est bon
car sa bonté est éternelle.

Qu'Israël affirme
que sa bonté est éternelle.

Que la maison d'Aaron affirme
que sa bonté est éternelle
Que ceux qui craignent l'Éternel affirment
que sa bonté est éternelle.

De la détresse, j'ai appelé Dieu
avec générosité, Dieu m'a répondu.
L'Éternel est à mes côtés, je ne crains rien
que peuvent les hommes contre moi ?
L'Éternel est avec moi, parmi mes aides
je verrai la défaite de mes ennemis.

Traduction œcuménique de la Bible.

PRIÈRES CHRÉTIENNES

Je vous salue Marie

Je vous salue Marie, en latin *Ave Maria*, est dédiée à la Vierge
Marie.

Je vous salue Marie, pleine de grâce ;
le Seigneur est avec vous.
Vous êtes bénie entre toutes les femmes
Et Jésus, le fruit de vos entrailles, est béni.
Sainte Marie, Mère de Dieu,
priez pour nous pauvres pécheurs,
maintenant et à l'heure de notre mort.
Amen.

Viens, Esprit-Saint (*Veni Sancte Spiritus*)

La grande prière adressée à la troisième personne de la Trinité. Souvent récitée en neuvaine entre l'Ascension et la Pentecôte.

Viens, Esprit-Saint, en nos cœurs,
et envoie du haut du ciel
un rayon de ta lumière.

Viens en nous, père des pauvres,
viens, dispensateur des dons,
viens, lumière de nos cœurs.

Consolateur souverain,
hôte très doux de nos âmes
adoucissante fraîcheur.

Dans le labeur, le repos,
dans la fièvre, la fraîcheur,
dans les pleurs, le réconfort.

Ô lumière bienheureuse,
viens remplir jusqu'à l'intime
le cœur de tous tes fidèles.

Sans ta puissance divine,
il n'est rien en aucun homme,
rien qui ne soit perverti.

Lave ce qui est souillé,
baigne ce qui est aride,
guéris ce qui est blessé.

Assouplis ce qui est raide,
réchauffe ce qui est froid,
rends droit ce qui est faussé.

À tous ceux qui ont la foi
et qui en toi se confient
donne tes sept dons sacrés.

Donne mérite et vertu,
donne le salut final
donne la joie éternelle.
Amen.

Magnificat

Grande prière de louange chrétienne, attribuée à la Vierge
quand elle apprit qu'elle allait enfanter le Christ.

Mon âme exalte le Seigneur,
exulte mon esprit en Dieu, mon Sauveur !

Il s'est penché sur son humble servante ;
désormais, tous les âges me diront bienheureuse.

Le Puissant fit pour moi des merveilles ;
Saint est son nom !

*Son amour s'étend d'âge en âge
sur ceux qui le craignent.*

*Déployant la force de son bras, il disperse les superbes.
Il renverse les puissants de leur trônes, il élève les humbles.*

*Il comble de biens les affamés,
renvoie les riches les mains vides.*

*Il relève Israël son serviteur, il se souvient de son amour,
de la promesse faite à nos pères, en faveur d'Abraham
et de sa race, à jamais.*

L'ange Gabriel annonce à Marie sa maternité divine. *L'Annonciation* (1472-1480) par Sandro Botticelli.

Saint Augustin (345-430)

Célèbre prière qui illustre la conversion tardive de saint Augustin telle qu'il la décrit dans les *Confessions*.

Je t'ai aimé bien tard,
beauté ancienne et toujours nouvelle,
je t'ai aimé bien tard !
Tu étais au-dedans de moi-même,
Et moi j'étais au-dehors de moi-même.

C'était en ce dehors que je te cherchais,
et me ruant sur ces beautés, pourtant créées par toi,
j'y perdais ma propre beauté.
Tu étais avec moi, mais moi je n'étais pas avec toi...

Tu m'as appelé, tu as crié
et tu as triomphé de ma surdité.
Tu as brillé, tu as fait resplendir tes rayons
et tu as chassé les ténèbres de mon aveuglement.

Tu as répandu l'odeur de tes parfums :
J'ai commencé à les respirer et j'ai soupiré après toi.
J'ai goûté la douceur de ta grâce
et j'ai eu faim et soif de toi.

Tu m'as touché et mon cœur est tout brûlant d'ardeur
pour la jouissance de ton éternelle paix.

Confessions, livre X, XXVII, 38,
Les Belles Lettres, t. II, 1926.

Gloire à Dieu

C'est un chant de louange. Après avoir demandé pardon (grâce au *Kyrie*), les chrétiens exultent de joie car la miséricorde de Dieu est infinie.

Gloire à Dieu, au plus haut des cieux,
Et paix sur la terre aux hommes qu'il aime.
Nous te louons, nous te bénissons,
nous t'adorons,
Nous te glorifions, nous te rendons grâce,
pour ton immense gloire,
Seigneur Dieu, Roi du ciel,
Dieu le Père tout-puissant.
Seigneur, Fils unique, Jésus-Christ,
Seigneur Dieu, Agneau de Dieu,
le Fils du Père.
Toi qui enlèves le péché du monde,
prends pitié de nous ;
toi qui enlèves le péché du monde,
reçois notre prière ;
Toi qui es assis à la droite du Père,
prends pitié de nous.
Car toi seul es saint,
Toi seul es Seigneur,
Toi seul es le Très-Haut,
Jésus-Christ, avec le Saint-Esprit
Dans la gloire de Dieu le Père.
Amen.

PRIÈRES MUSULMANES

Les 99 noms de Dieu

Il n'existe pas de liste unanimement reconnue, car ces noms ont été extraits de différents textes du Coran et des hadiths*. En outre, ceux-ci peuvent légèrement varier selon les traductions.

1. Très bon
2. Miséricordieux
3. Roi
4. Le saint
5. Dieu de paix
6. Auteur de toute sécurité
7. Protecteur vigilant
8. Doué d'une puissance rare
9. Qui contraint à lui obéir
10. Superbe
11. Le créateur
12. Créateur (autre racine arabe)
13. Qui façonne
14. Qui pardonne abondamment
15. Qui impose sa domination
16. Le donateur
17. Dispensateur de tout bien
18. Qui ouvre la voie
19. Omniscient
20. Qui retient
21. Qui répand ses bienfaits
22. Qui abaisse

23. Qui élève

24. Qui donne la puissance

25. Qui humilie

26. Qui entend

27. Le clairvoyant

28. L'arbitre

29. Dieu de justice

30. Qui comprend avec finesse

31. Bien informé

32. Le longanime

33. Immense

34. Qui pardonne

35. Qui reconnaît les bienfaits

36. Le Très-Haut

37. Grand

38. Qui protège attentivement

39. Qui nourrit

40. Qui suffit à tout

41. Majestueux

42. Généreux

43. Qui surveille tout

44. Qui exauce et répond

45. Dont la connaissance et la puissance sont sans limite

46. Le sage

47. Dieu de tendresse

48. Glorieux

49. Qui ressuscite les morts

50. Le témoin

51. Dieu de vérité

52. À qui tout est confié

53. Le fort
54. L'inébranlable
55. Lié au sien qu'il aime et qu'il aide
56. Digne de toute louange
57. Qui connaît et mesure tout
58. À l'origine de tout
59. Qui rétablit dans son état
60. Maître de la vie
61. Maître de la mort
62. Le vivant
63. Le subsistant
64. Qui a tout
65. Rayonnant de gloire
66. L'un
67. L'absolu
68. Le puissant
69. Omnipotent
70. Qui fait avancer
71. Qui fait reculer
72. Le premier
73. Le dernier
74. Manifeste
75. Caché
76. Lié au sien qui pardonne
77. Exalté
78. D'une bienfaisance qualitative
79. Qui ramène à lui le pécheur
80. Dieu des vengeances
81. Indulgent
82. Compatissant

83. Maître du royaume
84. Dieu de majesté et d'honneur
85. Équitable
86. Qui rassemblera pour le jugement
87. Indépendant de tout
88. Qui donne la richesse
89. Qui comble de ses dons
90. Qui refuse
91. Qui nuit
92. Qui est utile
93. Dieu de lumière
94. Qui guide
95. Incomparable
96. Qui demeure
97. Qui hérite
98. La droiture même
99. Infiniment patient

Extrait de la sourate II, *la Vache*, ce verset dit « du trône »
résume la foi musulmane.

Dieu !

Il n'y a de Dieu que lui :
Le vivant ;
Celui qui subsiste par lui-même !

Ni l'assouplissement, ni le sommeil
n'ont de prise sur lui
Tout ce qui est dans les cieux et sur la terre
lui appartient !

Page de droite : calligraphie d'Hassan Massoudy, artiste irakien vivant à Paris.

massoudy
2004

Qui intercédera auprès de lui, sans sa permission ?
Il sait
ce qui se trouve dans les hommes et derrière eux,
alors que ceux-ci n'embrassent, de sa science
que ce qu'il veut.

Son trône s'étend sur les cieux et sur la terre :
Leur maintien dans l'existence
Ne lui est pas une charge.
Il est le Très-Haut, l'inaccessible.

Coran, traduction de Denise Masson, Paris, Gallimard,
« La Pléiade », 1986

Ibn Arabi

Maître soufi, Ibn Arabi (1165-1240) est considéré comme le plus grand des maîtres de la spiritualité islamique.

Je crois en la religion de l'amour,
Où que se dirigent ses caravanes,
Car l'amour est ma religion et ma foi.

La prière rituelle n'épuise pas la piété musulmane comme le montre ce verset coranique **extrait de la sourate de la Femme.**

Pensez encore à Dieu debout, assis ou couchés,
Lorsque vous aurez achevé la prière.

Coran IV, 103. Traduction de Denise Masson, Paris,
Gallimard, « La Pléiade », 1986

PRIÈRES HINDOUES

Ce texte en prose est extrait de l'une des quatorze *Upanishad*. Celles-ci forment un ensemble d'environ deux cent cinquante traités consacrés aux liens mystiques entre l'homme et l'univers (342 signes)

Conduis-moi depuis le non-être vers l'être
Conduis-moi depuis l'obscurité vers la lumière
Conduis-moi depuis la mort vers l'immortalité
Brihad-âranyaka-upanishad 1.3.28

Reproduction d'Agni vu sous l'aspect du dieu du Feu.

Hymne à Agni

Cet hymne ouvre la *Rig-veda-samhitâ*.
Agni est le dieu du feu domestique et sacrificiel.

Je chante Agni
le dieu du sacrifice, le prêtre,
l'oblateur qui comble de dons.

Lui qu'ont chanté les prophètes,
nous le chanterons nous aussi ;
puisse-t-il guider les dieux jusqu'à
nous !

Oui, puisse-t-on, par lui, obtenir
    la fortune,
la prospérité jour après jour,
glorieuse, riche en hommes de valeur !

Agni, Dieu du Feu.

Car, Agni, le sacrifice, le rite
que tu circonscris de tous côtés ;
accède seul au monde des dieux !

Agni, l'oblateur, le poète puissant,
Le véridique au renom brillant,
le dieu ! qu'il vienne à nous avec les dieux !

Et certes, Agni, lorsque tu décides
de combler de biens ton fidèle,
pour lui, cela se réalise, ô Angiras !

Nous allons vers toi, Agni, jour après jour,
avec notre prière, vers toi qui brilles dans la nuit !
oui ! nous allons à toi, portant l'hommage,

À toi qui règnes sur nos sacrifices,
Agni, gardien de l'Ordre cosmique, éclaireur,
à toi qui crois en nous demeures !

Comme l'est un père pour son fils
sois-nous d'accès facile, Agni !
assiste-nous, pour notre bien-être !

Prière de Manikkavacakar

Manikkavacakar, mystique shivaïte du VIIe siècle, illustre parfaitement la relation d'amour ardent du *bakhta* envers sa divinité d'élection.

T'appellerai-je miel sur la branche,
Ou nectar de la mer bruyante ?
Je ne sais que dire, ô notre Hara[1]

---

1. Un des noms de Shiva.

Notre baume précieux, notre roi ! Ô toi qui demeure
  à Purundu Rei[1],
Parmi les champs limoneux,
Toi dont le corps est revêtu de cendres,
Ô maître immaculé !

Je ne sais qu'une chose : tu me manques ;
Et, ce que je possède, je veux l'ignorer.
Ah ! Hara, notre précieux
Baume, mon ambroisie !
Celui dont le corps est pareil à une fleur écarlate,
Le Seigneur de Purundu Rei,
Demeure à jamais dans mon cœur,
Lui qui est moi.

    Tiruvacakam 34, 8-9, traduction P. Miele, L. Renou et J. Filliozat

PRIÈRES BOUDDHISTES

Le sutra du cœur (ou *Hridaya sutra* en sanskrit)

C'est sans doute le texte bouddhique le plus connu ; il contient le cœur de l'enseignement de la Perfection de la Sagesse.

Le Bodhisattva* de la Compassion
Alors qu'il méditait profondément,
Vit la vacuité des cinq skandhas
Et coupa les liens qui le faisaient souffrir.

Ici donc,
La forme n'est autre que la vacuité,
La vacuité n'est autre que la forme.

---

1. Sanctuaire shivaïte.

La forme n'est que vacuité,
La vacuité n'est que forme.

Sensation, pensée et choix,
La conscience elle-même,
Sont identiques à cela.

Toutes les choses sont le vide premier
Qui n'est pas né et n'est pas détruit,

Ni taché ni pur,
Pas plus qu'il ne croît ou ne décroît.

Ainsi, dans le vide, il n'y a ni forme,
Ni sensation, pensée ou choix,
Ni non plus de conscience.

Ni œil, oreille, nez, langue, corps, esprit ;
Ni couleur, son, odeur, saveur, toucher,
Ni rien que l'esprit puisse saisir,
Ni même acte de sentir.

Ni ignorance
Ni rien de ce qui vient de l'ignorance,
Ni déclin, ni mort,
Ni fin de ceux-ci.

Il n'y a pas non plus de douleur, ni de cause de douleur,
Ni cessation de la douleur, ni noble chemin
Menant hors de la douleur ;
Ni même sagesse à atteindre !
L'atteinte aussi est vacuité.

Sachez donc que le Bodhisattva
Ne s'attachant à rien qui soit,

Mais demeurant dans la sagesse
Est libéré d'obstacles illusoires
Débarrassé de la peur nourrie par ceux-ci,
Et atteint l'éclatant Nirvana.

Tous les Bouddhas du passé et du présent,
Bouddhas du temps futur,
Utilisant cette sagesse,
Arrivent à une vision complète et parfaite.

Écoutez donc le grand dharani,
Le radieux mantra, sans égal,
La Prajñaparamita[1]
Dont les mots apaisent toute souffrance ;
Écoutez et croyez en sa vérité !

Conseils de méditation par Krishnamurti

(…) Puisque vous ne savez pas ce qu'est la méditation, nous allons apprendre. Pour apprendre à connaître la méditation, voyez comment fonctionne votre esprit. Vous devez regarder comme vous regardez un lézard qui passe sur un mur. (…) Eh bien, de la même façon, observez votre propre pensée. Ne cherchez pas à la corriger, à la supprimer. Ne dites pas « Tout ceci est trop difficile. » Simplement, regardez, maintenant, tout de suite, ce matin.

In Buddhaline

---

1. Prajñaparamita est la sagesse transcendante.

Prière funèbre

Hymne du moine japonais Genshin (942-1017). Il montre la piété rendue aux *boddhisattva* ou grands éveillés pour aider le pratiquant dans la mort.

(...)

Le moment venu, Kannon[1],
Le boddhisattva de grande compassion,
S'avance ;
Son corps d'or violâtre incliné en un geste d'accueil,
Il s'approche offrant un socle de lotus.

Ensuite le grand boddhisattva Seishi[2] s'émerveille
Avec la sainte assemblée ;
Tandis qu'il tend la main de grande médiation et de sagesse
Pour caresser la tête du pratiquant.

Enfin, il guide et le fait monter du socle du lotus en or ;
À ce moment il est séparé à jamais
De son pays natal, ce monde où l'on continue, sans fin
À naître et à mourir, dans le cycle des naissances et des morts.

Un fois monté sur le socle du lotus en or,
Il suit le Bouddha ;
En un instant
Il renaît de la terre pure des bienheureux.
(...)

----
1. Nom japonais de *boddhisattva*.
2. Nom japonais de *boddhisattva*.

Cette pensé d'un moine, **Diagu Ryokan**, illustre l'attitude de détachement à laquelle doit conduire le *zen* :

Si tu rencontres le désastre, il est bien de rencontrer le désastre.
Si tu meurs, il est bien de mourir.
Cela est la façon merveilleuse d'échapper au destin.

Extrait de Zen, Michel Bovay, Laurent Kaltenbach
et Evelyn de Smedt, Paris, Albin Michel, 1993

En trois strophes brèves, les haïkus disent l'immédiateté de l'éveil zen, l'ici et maintenant.

Montant jusqu'au ciel
L'odeur des fleurs de pruniers –
Halo de la lune

Extrait de *Haïku*, Yosa Buson, traduction Joan Titus-Carmel,
Orphée – La Différence, 1990

GLOSSAIRE

Ce lexique ne prétend pas épuiser la signification des mots qu'il présente, ni toutes les réalités que ceux-ci recouvrent à l'intérieur des différents courants de toutes les traditions. Il retient seulement le sens le plus généralement admis.

ACTION DE GRÂCE : prière de remerciement. S'accompagne parfois d'offrandes ou de rites particuliers.

ADORATION : culte fervent, amour du dévot pour son dieu.

AÏD EL-FITR : fête de la fin du ramadan.

ALLAHU AKBAR : « Dieu est plus grand ! »

ALLELUIA : « Louez le Seigneur. »

AMIDAH : prière debout.

ANACHORÈTE : moine ou moniale solitaire, ermite.

ANAPANASATI : attention sur le souffle.

ARBITH : prière du soir.

ASANAS : postures.

ASCÉTISME : discipline de vie, exercices pour maîtriser les passions (prière, jeûne…).

ASHKÉNAZE : désigne la diaspora juive d'Europe du Nord et l'Est.

ASHRAM : ermitage.

ASR : prière de l'après-midi.

AVATAR : incarnation, descente d'un dieu sur terre.

AVENT : période de quatre semaines qui précède Noël.

BAKACHOT : prière de demande.

BAPTÊME : sacrement d'initiation chrétienne.

BÉNÉDICTION : grâce accordée par Dieu. Prière de louange et de reconnaissance. Action du prêtre qui bénit de la main les fidèles par un signe de croix.

BÉRAKHA : bénédiction.

BHAKTA : dévot.

BHAKTI : du sanskrit *bhaj* : partager, distribuer, recevoir, jouir charnellement, servir, révéler, adorer. Désigne le courant hindou de la dévotion.

BIBLE OU ÉCRITURES (SAINTES) : du grec *biblos*, livre. Elle comprend l'Ancien Testament (le Pentateuque, les Livres prophétiques, les « autres Écrits », les Livres deutérocanoniques) et le Nouveau Testament (les quatre Évangiles, les Actes des Apôtres, les Épîtres, l'Apocalypse).

BODHISATTVA : éveillé.

BOUDDHA : éveillé. Le pratiquant qui, délivré de ses conditionnements, est dans la compassion. Par la pleine conscience de la réalité, il se libère du *samsara* et atteint le *nirvana*. Le Mahayana prône l'existence de nombreux bouddha, le plus célèbre est Siddharta Gautama, le fondateur du bouddhisme.

BRAHMAN : absolu. Également, caste sacerdotale.

BRÉVIAIRE : livre de prières pour les heures (matines, laudes, tierce, sexte, none, vêpres et complies), ordonnées selon le calendrier ecclésiastique.

CARÊME : période de quarante-six jours qui précède Pâques pendant laquelle, à l'exception des dimanches, les chrétiens jeûnent et font abstinence.

CASHEROUT : ensemble des lois liées à la pureté, notamment pour la nourriture.

CÉNOBITE : moine ou moniale qui vit en communauté.

CHAPELET, ROSAIRE : collier de perles utilisé dans beaucoup de traditions pour accompagner les prières répétitives. Le rosaire a un sens particulier dans le christianisme.

CHEMIN DE CROIX : parcours liturgique en quatorze stations, retraçant les étapes de la Passion du Christ.

CHIITE : branche musulmane qui se réclame d'Ali, cousin et gendre du prophète.

CIRCUMAMBULATIONS : processions circulaires autour d'un lieu sacré.

COMMUNION : repas eucharistique de la messe, au cours duquel les chrétiens rencontrent intimement leur Dieu.

COMMUNION DES SAINTS : l'Église au sens large, tous les fidèles vivants et ceux qui sont déjà devant Dieu et qui intercèdent pour les vivants.

CONFRÉRIE, TARIQA : association mystique soufie, réunie autour d'un maître.

CONTEMPLATION : absorption dans l'observation de quelque chose. Sorte d'extase.

CREDO : acte de foi chrétien.

CULTE : service religieux protestant.

DÉCALOGUE : les dix commandements.

DHARMA : loi cosmique, ordre universel. Vérité qui libère du *samsara* dont le Bouddha a pris conscience lors de son éveil. Par extension, enseignement du Bouddha.

DHIKR : répétition incessante des quatre-vingt-dix-neuf noms divins.

DHUR : prière de midi.

DHUTANGAS : treize moyens de purification ascétiques préconisés par le Bouddha.

DÎN : désigne à la fois la religion et le jugement dernier.

DOJO : salle de méditation zen.

DUKKA : souffrance.

ÉCRITURES : les chrétiens désignent ainsi la Bible.

ÉGLISE : avec une majuscule, ensemble des chrétiens, également institutions chrétiennes. Sans majuscule, lieu de culte des orthodoxes, des catholiques et de certains protestants.

ENCENSEMENT : action de faire brûler de l'encens en signe d'adoration.

ESPÈCES : pain et vin de l'eucharistie

ESPRIT SAINT : troisième personne de la Trinité. Esprit d'amour qui unit le Père et le Fils et qu'ils transmettent aux hommes.

EUCHARISTIE : sacrement essentiel du christianisme. Commémore et perpétue le sacrifice du Christ.

ÉVANGILE : « bonne nouvelle » du salut apporté par le Christ. Les Évangiles racontent la vie de Jésus. Quatre sont canoniques et reconnus par l'Église (Marc, Matthieu, Luc et Jean).

FATIHA : grande prière de l'Islam

GANESHA CHATURTHI : fête de Ganesh, la divinité secondaire la plus populaire.

GÉMATRIE : science des nombres.

GÉNUFLEXION : prosternation un genou à terre.

GRÂCE : bienveillance, faveur divine. Dans le christianisme, don de Dieu, qui communique sa divinité à l'humanité.

GURU : maître.

HADITHS : textes sacrés relatant les actes, les paroles et les réflexions du prophète.

HAJJ : pèlerinage à La Mecque, cinquième pilier de l'islam.

HANOUKKA : fête des lumières.

HASSIDISME : la célèbre doctrine mystique juive qui s'est développée en Pologne à partir de 1740.

HÉGIRE : ère musulmane à partir du départ du prophète Mohamed à Médine, en 622 apr. J.-C.

HÉSYCHASME : du grec *hêsychia*, tranquillité. Méthode de méditation.

HYMNE : chant de louange.

ICÔNE : du grec *eikôn*, image. Image pieuse peinte (souvent sur bois) dont les thèmes et l'exécution sont soumis à des règles.

IMAM : celui qui est devant ; celui qui dirige la prière à la mosquée.

ISHA : prière de la nuit noire.

JACULATOIRE : se dit d'une prière jaillie spontanément.

JAPA : récitation silencieuse.

KA'ABA : bloc de pierre au centre de la Grande Mosquée de La Mecque contenant la Pierre noire, autour de laquelle les pèlerins effectuent la circumambulation.

KABBALE : mouvement mystique et ésotérique juif.

KOAN : courtes formules paradoxales.

KUMBHMELA : grande fête indienne.

LITURGIE : ensemble des prières, des cérémonies et des actions prescrites dans le culte.

LOUANGE : parole, texte, chant qui fait l'éloge.

MAGHRIB : prière du soir.

MAHAYANA : « Grand Véhicule », deuxième grande école du bouddhisme.

MALA : chapelet indien.

MANDALA : dessin en forme de cercle inscrit dans un carré. Support à la médiation des hindous et des bouddhistes.

MANTRA : formule sacrée.

MÉDITATION : action de réfléchir, de se concentrer sur un sujet. Pratique qui permet de calmer le mental et les passions tout en restant conscient.

MESSE : service catholique au cours duquel l'eucharistie est célébrée.

MIHRAB : niche à l'intérieur des mosquées indiquant la direction de La Mecque.

MIKVÉ : bain rituel.

MINHAH : prière de l'après-midi.

MINYAN : quorum de dix hommes nécessaire pour les offices à la synagogue.

MITSVAH : commandement, dont le nombre est fixé à six cent treize. Mitsvhot, au pluriel.

MOSQUÉE : édifice cultuel de l'Islam.

MUEZZIN : fonctionnaire religieux chargé d'appeler aux prières quotidiennes.

MYSTÈRE : dogme (principe) de foi révélé inaccessible à la raison.

NEUVAINE : exercice spirituel ou de piété qui dure neuf jours consécutifs.

NIRVANA : extinction. Arrêt des passions qui entraîne la libération du *samsara*.

NOËL : fête de la naissance de Jésus-Christ.

NOTRE PÈRE : prière chrétienne instituée par Jésus.

NYOUG NÉ : jeûne du bouddhisme tibétain à la même période que le carême (printemps).

PÂQUES : la plus grande fête chrétienne célébrant la résurrection du Christ.

PASSION : souffrance et supplice du Christ.

PILIERS (CINQ) : obligations sur lesquelles repose la piété musulmane.

PRANAYAMA : maîtrise du souffle.

PRIER : du latin *pecare*, s'élever vers Dieu, mais aussi demander humblement.

PSAUMES : chants liturgiques attribués au roi David, passés dans le culte chrétien. Les Psaumes forment un livre à part dans la Bible.

QUADDISH : saint. L'une des principales prières juives. Sert aussi au culte des morts.

RABBI : nom donné au maître, surtout dans le hassidisme.

RABBIN : guide de la prière juive.

RÉFORME : mouvement de rupture avec Rome qui a donné naissance aux églises protestantes au XVIe siècle, sous l'impulsion de Martin Luther (1483-1546), en Allemagne, puis de Calvin (1509-1564), en France et en Suisse. Son but : restaurer l'autorité de l'Écriture au détriment de celle du pape.

RÉSURRECTION : dogme chrétien selon lequel Jésus serait ressuscité trois jours après sa mort.

SAINTE CÈNE : dans le protestantisme, communion sous les deux espèces.

SAJJÂDA : tapis de prière.

SAKYAMUNI : Bouddha historique, Siddharta Gautama (563-483 av. J.-C.).

SALÂT : prière.

SAMADHI : éveil (*satori* dans le bouddhisme japonais).

SAMATHA BHAVANA : concentration qui mène à la dissolution du mental.

SAMSARA : cycle des morts et des renaissances auquel tous les vivants sont soumis.

SANYASIN : renonçant. Mystique qui a quitté sa caste et sa famille pour se consacrer à la vie spirituelle.

SATORI : éveil.

SEDER : dîner de Pessah (Pâques).

SÉFARADE : diaspora de la péninsule Ibérique (chassée en 1492) et sa culture. S'est répandue en Afrique du Nord et dans l'Empire ottoman.

SÉFIRAH : nom kabbalistique des dix puissances divines. Séphirot au pluriel.

SEMA : danse sacrée soufie ; celle des derviches tourneurs est la plus célèbre.

SHABBAT : pour les juifs, repos obligatoire du vendredi au coucher du soleil au samedi au lever de lune.

SHAHARITH : prière du matin.

SHANGHA : communauté bouddhiste.

SHEMA ISRAËL : « Écoute Israël », principale prière juive.

SHEMONEH ESREH : grande prière de bénédiction.

SIGNE DE CROIX : geste commémoratif de la Croix de la Passion du Christ, ainsi que de la Trinité. De la main droite, on touche successivement le front, le torse, les deux épaules. Il existe des variantes selon les traditions.

SOBH : prière du matin.

SOUKKOT : fête des cabanes.

SOURATE : chapitre du Coran (114 au total).

SUNNITE : branche majoritaire de l'islam.

SUTRA : textes rapportant les entretiens ou les discours du Bouddha.

SYNAGOGUE : édifice consacré au culte juif, utilisé comme lieu de prière et de réunion, centre d'enseignement religieux.

TALLIT : châle de laine dont les hommes se revêtent pour la prière.

TALMUD : compilation doctrinale augmentée des réflexions de rabbins de plusieurs générations.

TÉCHOUVA : retour à Dieu, repentance.

TEFILLAH : prières.

TEFILLIN OU PHYLACTÈRES : étuis de cuir contenant des versets bibliques.

TE'HINOT : suppliques.

TEMPLE : Édifice religieux construit par les Hébreux pour rendre un culte à Dieu. Également lieu de culte du protestantisme.

THÉOTOKOS : terme grec, titre de celle qui a enfanté Dieu.

THÉRAVADA : « Petit Véhicule », la plus ancienne école du bouddhisme.

TORAH : cinq premiers livres de la Bible (Genèse, Exode, Lévitique, Nombres et Deutéronome) ; au sens large, loi juive et son enseignement.

TRANSSUBSTANTIATION : dogme selon lequel, par la consécration, le pain et le vin deviennent le corps et le sang du Christ.

TRINITÉ : les trois personnes du Dieu des chrétiens : le Père, le Fils et l'Esprit saint*.

TSITSIT : franges du tallit qui rappellent les commandements.

VÉHICULE : voir Théravada et Mahayana.

VÉNÉRATION : respect fait d'admiration et de crainte.

VESAK : célébration populaire de la naissance, l'éveil et la mort du Bouddha.

VIPASSANA BHAVANA : claire vision. Contemplation de la vérité.

YOGA : de la racine indo-européenne *jug* : « joug » ou « joindre ». L'une des voies ascétiques hindoues.

YOGI : ascète qui pratique le yoga.

YOM KIPPOUR : jour du Grand Pardon.

ZAFU : coussin rond pour la méditation zen.

ZAZEN : de *za*, « s'asseoir », et *zen*, « comprendre ». Méditation assise.

ZEN : courant du bouddhisme japonais.

BIBLIOGRAPHIE

Le Guide de la méditation, hors-série, Actualité des religions.

Lexique des spiritualités, Serge Colognari, Oxus, 2003.

Les Maîtres spirituels, Jacques Brosse, Albin Michel, 2005.

Petites Étincelles de sagesse juive, Victor Malka, Albin Michel, 2005.

Pour comprendre l'hindouisme, Jean-Christophe Demariaux, Novalis/Cerf, 1995.

Pour connaître l'Islam, Jacques Jomier, Cerf, 1988.

La Prière en Islam, Eva de Vitray-Meyerovitch, Albin Michel, « Spiritualités vivantes », 2003.

La Prière juive, cahier Évangile.

Quand les hommes parlent aux dieux. Histoire de la prière dans les civilisations, sous la direction de Michel Meslin, Bayard, Paris, 2003.

Crédits photographiques

Direction artistique : Véronique Podevin
Coordination éditoriale et recherche iconographique : Grégory Berthier-Gabrièle

Mise en pages : Nord Compo.

Dépôt légal : avril 2006.

Achevé d'imprimer : avril 2006.

N° d'édition : 14008.

Imprimé en France.